Words for Production

WORDS

FOR

PRODUCTION

アウトプットのための基本語彙ワークブック

石井洋佑
Yosuke Ishii

マイケル・マクドウェル
Michael McDowell

中川浩
Hiroshi Nakagawa

東海大学出版部

Words for Production
by Yosuke Ishii,   Michael McDowell and Hiroshi Nakagawa
Tokai University Press, 2020
ISBN 978-4-486-02186-5

How to Get the Best from this Book

　本書『Words for Production－アウトプットのための基本語彙ワークブック』はやさしい単語を使って英語でコミュニケーションが取れるようになりたいと願っている人を対象にしています．

　国際化が進み，英語でコミュニケーションをとる機会は増えているようですが，英語でのアウトプット（発信）を苦手としている人はたくさんいます．残念ながら，朴訥な英語で会話やメール，SNS でのやり取りをこなせる日本人はそれほど多くないのが現状です．自分の思っていることを英語で産み出すのに十分な語彙力や文法力がないからです．

　「何だ，じゃあ単語と文法をやれば良いのか」と考えるのは早計です．そう考える多くの学習者は英語が読めるようになることを目的に書かれた単語集や文法書に手を出します．しかし，それらの教材をやってもアウトプットの力が伸びることはそれほど望めません．

　リーディングで求められる語彙はテキストのキーワードになる内容語がほとんどで，文法は長いセンテンスの構造を正確に把握することに重点が置かれます．このような語彙や文法の力が不要というわけではありませんが，スピーキングやライティングで必要な基本動詞や前置詞・副詞・限定詞の使い方に関する知識をマスターすることがおろそかになっている感は否めません．

　また，文法用語ごとの事項の学習があまり学習者の発信能力にそれほどプラスの効果を産まないことも指導者や学習者との接触を通じて経験しています．例えば，Jessica goes to work by bus.「ジェシカは仕事場までバスで行く」というべきところを，*Jessica goes work by bus.と間違えた学習者に「自動詞と他動詞の違いを勉強しなさい」というフィードバックはあまり有効ではありません．学習者に必要なのは〈go to X（場所を表わす名詞）〉という具体的な知識なのです．

　さらに，実際に英語で話したり書いたりするには，知識を知っているだけでは不十分で知識が必要なときにすぐ出てくるように練習する必要があります．受け身一方の学習では，目で見て情報を処理するスキルばかりに気をとられて，すでに目で見て，耳で聴いた，知っている英語を自分の口を使って声に出す，自分の手を使って描くという作業をおろそかにしがちになります．デジタル機器が発展した21世紀においても五感を使って英語を学ぶという語学の本質は変わりません．

　こういった学習者のニーズに応える教材がないように感じていた私たちは，アウトプットに必要な基本語の使い方を練習を通じて身に付けることを目的とした書き込み型のワークブックを自分たちで作ってみました．本書の構成は次の通りです．

レッスン見出し

本書は「見開き2ページ×50レッスン」で構成されています.

#1 be

be は人・もの・ことを「〜である」と後ろにくることばで描写・説明するとき,「〜にある・いる」と存在を表わすときに使われる動詞です.原形が be で,現在形が I am / You are / She is / We are / They are, 過去形が I was / You were / She was / We were / They were のように活用も複雑です.また,<be + doing> <be + -ed/en>のような用法もきちんとマスターしておく必要があります.
♪001

Hiroshi **is** a skateboarder.
Hiroshi はスケートボーダーだ.
☞<人を表わす名詞＋be＋職業・属性を表わす名詞>

Josh **is** shy.
Josh はとても恥ずかしがり屋だ.
☞<人を表わす名詞＋be＋性格を表わす形容詞>

Gayla **is** so excited.
Gayla はとても興奮している.
☞<人を表わす名詞＋be＋感情を表わす形容詞>

Some factories **will be** closed.
いくつかの工場は閉鎖される.
☞助動詞の後は原形.<人・もの・こと＋be＋-ed/en>で「X は…された」という受け身.

Don't **be** late for work.
会社に遅れてはいけない.
☞Hiroshi is not a doctor. や Was Gayla excited? のように否定文や疑問文のときには do/does/did を使わないが,命令文の否定のときは Don't be …になる.

Wayne and Darin **are** already in the building.
Wayne and Darin はすでに建物のなかにいる.
☞<人・もの・こと＋be＋場所を表わす語句>で「X は〜にいる・ある」

There **are** five hundred people in our company.
私たちの会社には500人の従業員がいる.
☞<There is/are＋名詞＋場所を表わす語句>で「〜には X がいる・ある」

The man and the woman **are** talking to each other.
その男性とその女性は互いに話している.
☞<be + doing>で進行中の動作を表わす.

8

Exercises

A. 音声を聴いて,空所を埋めてください.
♪002

1) The man (   ) (   ) a box.

2) That (   ) (   ) true.

3) (   ) (   ) more than 100 people at the event.

B. 空所にあてはまる語句を選び,英文を完成させてください.
♪003

4) People in this town ------- all nice.
(A) is
(B) are
(C) am
(D) was

5) Peter J. Collins, our new president, ------- very intelligent.
(A) are
(B) is
(C) be
(D) am

6) Some people ---- not listening to Mr. Janson's speech.
(A) was
(B) does
(C) were
(D) do

5)",our new president,"の部分は直前の Peter J. Collins に対する補足説明です.

9

左ページ : Examples with Notes（基本例文＋ミニ解説）
各レッスンの左ページには紹介されている語の使い方を示す例文が紹介されています.例文は頭に入りやすく,よく使われる自然なものを厳選して載せています.
例文の下の☞には,コンパクトに覚えておくべき基本事項の解説が添えられています.説明中の"*"（アステリスク）は英語として間違っている表現につけられています.

トラック番号 : すべての例文には音声（https://www.press.tokai.ac.jp/sound/words4production/ からダウンロードできます）がついているので,学習者は例文を読むだけでなく,音声を耳で聴き,さらに音声の後に自分で声を出してみる練習をすることを強く推薦します.

右ページ : Exercises（練習問題）
A: ディクテーション（書き取り）
日本の外国語教育ではあまり重視されませんが,ヨーロッパの外国語の授業では,単に音声面の理解力向上という目的だけではなく,語彙力や文法力など総合的な語学力を鍛える

"Words for Production" QR コード等変更のお知らせ

　本書に記載されている QR コード及びホームページ URL が変更となりました。新しい QR コード及びホームページ URL は下記の通りです。

〈変更後 QR コード〉

〈変更後ホームページ URL〉

https://www.u-tokai.ac.jp/network/publishing-department/

尚、変更は QR コードのみで音声データおよび解答データに変更はございません。よろしくお願いいたします。

東海大学出版部

（2021 年 12 月 1 日）

練習としてディクテーションがさかんに取り入れられています．本書では，左ページで学習した語の使い方に関する知識がどれだけ定着しているかの指標として，ディクテーションの練習問題を用意しました．本書に直接書き込んでも，別紙に書き出しても構いません．必ず自分なりの答えを書き（１度で聴き取れなければ複数回聴いてみてください），解答を確認後（https://www.press.tokai.ac.jp/sound/words4production/ans.pdf からダウンロードできます），もう１度音声を聴き，その際はできれば自分でも声を出してみると良いでしょう．

B: 空所補充問題または整序問題
左ページの知識が定着しているかを試す練習問題が掲載されています．練習問題は２種類あり，１つは TOEIC L & R の Part 5 形式の空所問題です．もう１つは，英検および世界基準で評判の高い子供用文法教材 *Grammar Starter* (Jennifer Seidl, Oxford University Press)などで採用されている整序問題です．本書は文法の本ではありませんが，アウトプットができるようになるには，英語の語順感覚を身に付けることがとても大事なのでこのタイプの問題も入れることもしました．自信をもって正しい答えを作ることができるか確認し，間違えたものについては時間をおいて再度やり直すのはもちろん，正解をセンテンスごと何度も声に出して（これも音声を聴いて真似るのが理想です），覚えてしまうと良いでしょう．

また，本書は学習者のみなさんが気になったことをどんどん書き込めるように，Ａ４判のページに十分な余白を残しています．スペース及び冗長な説明を煩わしいと感じる学習者が多いことから説明は最低限のコンパクトにしているので，疑問に思う部分はいくつかでてくるかもしれません．そういう部分は，周囲の出来る人に訊いたり，自分で調べて，解ったことは記入していきましょう．私たちはよい意味でみなさんがこのワークブックを自分なりに使いやすいものに汚してくれることを期待しています．

本書でマスターする基本語 116 語はリーディングの観点からするとやさしすぎる語ばかりかもしれません．しかし，ネイティヴスピーカーもよくできる学習者も日常会話やメール，SNS ではほとんどの場合ごくごく基本的な単語でコミュニケーションをしています．そういう単語の中で，大学生・社会人の指導を通じて初級・中級レヴェルの学習者が使い方でミスが目立つと私たちが感じていたものをまとめてあります．だから，上記どおりに実際取り組んでみると，多くの人が思ったよりも意外と作業が難しいことに気づくはずです．繰り返し学習してこれらの語彙を身につけた際には，英語でのアウトプット能力がぐっと伸びていることは確実です．それでは，みなさんの学習がうまくいくことを祈っています．

石井洋佑　Yosuke Ishii
マイケル・マクドウェル　Michael McDowell
中川　浩　Hiroshi Nakagawa

Contents

#1 be

be は人・もの・ことを「〜である」と後ろにくることばで描写・説明するとき,「〜にある・いる」と存在を表わすときに使われる動詞です. 原形が be で, 現在形が I am / You are / She is / We are / They are, 過去形が I was / You were / She was / We were / They were のように活用も複雑です. また, ＜be + *doing*＞ ＜be + -ed/en＞のような用法もきちんとマスターしておく必要があります.

♬001

Hiroshi **is** a skateboarder.
Hiroshi はスケートボーダーだ.
☞＜人を表わす名詞＋be＋職業・属性を表わす名詞＞

Josh **is** shy.
Josh はとても恥ずかしがり屋だ.
☞＜人を表わす名詞＋be＋性格を表わす形容詞＞

Gayla **is** so excited.
Gayla はとても興奮している.
☞＜人を表わす名詞＋be＋感情を表わす形容詞＞

Some factories **will be** closed.
いくつかの工場は閉鎖される.
☞助動詞の後は原形. ＜人・もの・こと＋be＋-ed/en＞で「X は…された」という受け身.

Don't **be** late for work.
会社に遅れてはいけない.
☞Hiroshi **is** not a doctor. や **Was** Gayla excited?のように否定文や疑問文のときには do/does/did を使わないが, 命令文の否定のときは Don't be …になる.

Wayne and Darin **are** already in the building.
Wayne and Darin はすでに建物のなかにいる.
☞＜人・もの・こと＋be＋場所を表わす語句＞で「X は〜にいる・ある」

There **are** five hundred people in our company.
私たちの会社には500人の従業員がいる.
☞＜There is/are＋名詞＋場所を表わす語句＞で「〜には X がいる・ある」

The man and the woman **are** talking to each other.
その男性とその女性は互いに話している.
☞＜be + *doing*＞で進行中の動作を表わす.

Exercises

A. 音声を聴いて，空所を埋めてください．

♫002

   1) The man (　　　　) (　　　　) a box.

   2) That (　　　) (　　　) true.

   3) (　　　) (　　　　) more than 100 people at the event.

B. 空所にあてはまる語句を選び，英文を完成させてください．

♫003

   4) People in this town ------- all nice.
     (A)　is
     (B)　are
     (C)　am
     (D)　was

   5) Peter J. Collins, our new president, ------- very intelligent.
     (A)　are
     (B)　is
     (C)　be
     (D)　am

   6) Some people ------- not listening to Mr. Janson's speech.
     (A)　was
     (B)　does
     (C)　were
     (D)　do

---

5)", our new president,"の部分は直前の Peter J. Collins に対する補足説明です．

#2 do

普通の動詞としての do は「する」という意味ですが, 疑問文や否定文を作るのに使われたり, 前に使われた動詞の代用として使われたり, さまざまな用法があります. 現在形は He **does** a difficult job.のように He/She が主語のときには does に, 過去形は Wayne **did** not go to work yesterday.のように did になります.

♫004

Michael **does** business with a friend. The friend **does** a difficult job, and Michael **does** an easy job.
Michael は友達と事業をやっている. その友達が難しい仕事をして, Michael は簡単な仕事をする.
☞「する」という一般的な語として何かの作業・仕事をするときに使われる.

What **does** your wife **do**?—She's an accountant.
奥さんは何のお仕事をされていますか?—会計士です.
☞これは What is your wife's job?とほぼ同じ. What **does** your wife **do** for living?ということもある.

Jim **does** some exercises on weekends.
Jim は週末に運動をする.
☞運動など具体的に体を動かす動作にも使われる.

What are the women **do**ing?—They are playing musical instruments.
女性たちは何をしていますか?—彼らは楽器を演奏しています.
☞「何かをする」という動詞として疑問文で使われる.

Do you like tennis?—Yes, I **do**. / No, I **don't**.
テニスは好きですか. —はい, 好きです. ／いいえ, 好きではありません.
☞疑問文を作る. 答える場合にも使われる. **Does** Peter like tennis?—Yes, he **does**. / No, he **doesn't**. のように主語が he/she になる場合は does を使う.

Did you talk to her?—Yes, I **did**. / No, I **didn't**.
彼女と話しましたか. —はい, 話しました. ／いいえ, 話していません.
☞過去形のときは did を使う.

Andrew **does** not like people, but he **does** like animals.
Andrew は人間は嫌いだが, 動物は大好きだ.
☞動詞を否定するときに<do/does/did＋not＋動詞の原形>を使う. また, 強調するときに<do/does/did＋動詞の原形>を使う.

10

Exercises

A. 音声を聴いて，空所を埋めてください.

♪005

1) (　　　　) Megan work at a convenience store?—No, (　　　　)
(　　　　). She (　　　) (　　　　) with her brother.

2) What (　　　) (　　　　) (　　　　) last weekend?—Well, I
(　　　) (　　　　) anything special.

3) On Sunday, I (　　　　) the dishes. On other days of the week,
my husband (　　　　).

B. 語句を並び替えて，英文を完成させてください.

♪006

4) [you / do / do / what]?

5) [like / this / you / do / color]?

6) [on Saturdays / not / work / go to / Paul / does].

7) [Mr. Horioka / see / did / on Friday / you]?

---

3) do the dishes（皿洗いをする）はよく使うコロケーション. do your best（最善をつくす），do your homework（宿題をする）などと一緒に覚えておきましょう.

#3 have

単純に「have＝持っている」と考えては対応できない場合がたくさんあります.「食べる」「過ごす」「…させる」「…してもらう」など多様な意味や用法があります. さらに, 時間帯を表わす＜have ＋ -ed/en＞, 助動詞のように使われる＜has/have to *do*＞などもきちんと押さえておく必要があります.

♫007

Daniel **has** a very beautiful young wife.
Daniel には若くて美人の奥さんがいる.
☞＜X ＋ have ＋Y＞は「X には Y がいる・ある」 have は続く名詞の存在を表わす.

Are you hungry?—No, actually I just **had** lunch.
おなかがすいているの？—いや, 実は昼ごはんを食べたばかりなんだ.
☞ここでは have = eat. I **had** a few drinks.「何杯か飲んだ」のように飲み物にも使える.

How was your trip to Germany?—I **had** a really good time.
ドイツへの旅行はどうだった—よい時間を過ごしました.
☞「経験する」「過ごす」という意味で, **Have** a good weekend!などの決まり文句も多い.

Karl **has** lived in Japan more than 20 years.
Karl は日本に 20 年以上住んでいる.
☞＜have ＋ -ed/en＞で過去から始まり, 現在に続く時間帯を表わす.

We **have** to work harder to meet our goal.
目標を達成するためにはもっと一生懸命仕事をしなければならない.
☞ ＜has/have to *do*＞は「…しなければならない」という必要性や義務を表わす.

Rich **had** his car repaired.
Rich は自分の車を修理してもらった.
☞＜have＋もの・こと＋ -ed/en＞は「X を…された状態にしてもらう」

I'll **have** her call you back.
彼女に電話させます.
☞＜have+人 ＋*do*＞で「X に…させる」

Exercises

A. 音声を聴いて, 空所を埋めてください.

1) Do you know Jason?—Yeah, (   ) (   ) him a few times.

2) May I talk to Mr. Oda?—Sorry, he's not here now. I'll (   ) (   ) (   ) you after he is back.

3) Melody (   ) three meetings today.—Wow, why does she (   ) (   ) work so hard.

B. 語句を並び替えて, 英文を完成させてください.

♪009

4) [has / this company / two hundred employees / more than].

5) [his / Rich / fixed / printer / had].

6) [in England / more than ten years / lived / Keiko / has].

7) [lunch / just / we / had].

---

5) fix「修理する」

13

#4 get

多義語である get は「得る」「手に入れる」にとどまらず，＜get＋形容詞＞，＜get＋人＋もの＞
＜get＋X＋形容詞＞＜get＋X＋to *do*＞などを押さえておく必要があります．

♫010

Heather **got** a new job.
Heather は新しい仕事を手に入れた．
☞Heather found a new job.とも書き換えられる.「手に入れる」が get の第1語義.

Kevin **got** an e-mail from Cindy.
Kevin は Cindy から手紙を受け取った．
☞Kevin received an e-mail from Cindy.とも書き換えられる.

Amanda **got** angry.
Amanda は怒った．
☞ Amanda became angry.と同じ. ただし, Amanda became a manager.のように名詞を後ろに
とるときは get は使えない.

I'll **get** you a drink.
飲み物をとってきてあげるよ．
☞＜get＋X＋Y＞で「X（ひと）に Y（もの）をとってくる」という使い方をする.

Now I **got** what you mean.
今君のいいたいことがわかった．
☞ここでは get = understand

Amanda **got** Nick angry.
Amanda は Nick を怒らせた．
☞＜get＋X＋形容詞＞で「Xを～の状態にする」

Meg finally **got** her colleague to understand her plan.
Meg はついに同僚に自分の計画を理解させた．
☞＜get＋X＋to *do*＞で「Xに…させる」

How can I **get to** the station?
どうやって駅まで行ったらよいのですか．
☞get to X「Xに到着する」. get to = arrive at = reach と考えてもよいが, get to がこの文脈では
もっとも自然. get there / get here / get home などでは to は消える.

14

Exercises

A. 音声を聴いて，空所を埋めてください．

♬011

1) How did you (　　　　) (　　　　　)?—By train.

2) Christina (　　　　) (　　　　) at 7 last night.

3) You need to (　　　) (　　　　) cut. It's too long.

4) Mr. Dunn gave a very difficult lecture, and few people (　　　　)
   what he said.

B. 空所にあてはまる語句を選び，英文を完成させてください．

♬012

5) Brian ------- a new job.
   (A)   got
   (B)   became
   (C)   was
   (D)   reached

6) Ryoji ------- a manager, but did not get so rich.
   (A)   grew
   (B)   became
   (C)   got
   (D)   gave

7) Chris finally ------- his colleagues to understand his plan.
   (A)   made
   (B)   had
   (C)   took
   (D)   got

#5 go vs. come

「go = 行く」「come = 来る」と英語と日本語を1対1にしても対応できない場合がたくさんあります.
例えば, Dinner is ready.「ごはんができましたよ」に対して,「今行きます」というのは **I'm coming**.
であり, X I'm going.とは言いません.

♬013

Joan **went** to Michigan last summer.
Joan は去年の夏 Michigan に行った.
☞今いる場所から移動するときは＜go to X＞を使う.

Is Annie still here?—No, she**'s gone**.
Annie はまだここにいる？—いや, 彼女は帰ったよ.
☞ここでは gone = left

Annie **goes** shopping at the mall every Saturday.
Annie は毎週土曜日にモールに買い物に行く.
☞go *doing*「…しに行く」. *Annie goes to shopping …, *Annie goes to shop…のようにしないこと.

The presentation **went** well.
プレゼンはうまく行った.
☞うまくいかなかった場合は, The presentation **went** badly.のように言う.

The tire **went** flat.
タイヤがパンクした.
☞この go は状態の変化を表わす.

I need to talk with you a bit. Can you **come** here?
ちょっと話さなければいけないことがあるんだ. ここに来てくれる？
☞come は話し手あるいは聞き手のいる場所への移動を表わす.

Ms. Hara **came** to our office last Wednesday.
Hara さんは先週の水曜日弊社にいらっしゃった.
☞＜come to X＞で「X まで来る」

The box **came** this morning.
この箱は今朝届いた.
☞The box arrived this morning.と書き換えられる.

Exercises

A. 音声を聴いて，空所を埋めてください.

♪014

1) We're (　　　　　) to the Chinese restaurant on the corner.

2) Rudolph (　　　　　) to work at ten this morning.

3) Where is Fatima?—She's (　　　　) back soon.

B. 空所にあてはまる語句を選び，英文を完成させてください.

♪015

4) Mark ------- every Thursday after work.
  (A) comes running
  (B) goes to run
  (C) goes running
  (D) comes to running

5) The order ------- this morning.
  (A) came
  (B) went
  (C) comes
  (D) goes

6) The meeting did not ------- well.
  (A) go
  (B) come
  (C) arrive
  (D) get

7) Sarah dropped by her boss's office, but he has already -------.
  (A) come
  (B) went
  (C) gone
  (D) go

#6 open / close

日本語にもなっているので open, close の意味で苦労する人はそれほどいないでしょう. しかし, 使い方についてはどうでしょうか. open は動詞としては「ものが開く」という使い方と「ものを開ける」という使い方があり, さらに形容詞で「開いている」という使い方があります. 同じように close も「ものが閉じる」と「ものを閉める」という使い方があります. 「閉じている」というときには-ed/en 形である closed を使います.

♪016

The store is **open**.
店は開いている.
☞この open は「開いている」という状態を表わす形容詞.

The store is **closed** on Sundays.
店は日曜日には閉まっている.
☞この closed は「閉まっている」という状態を表わす形容詞.

The store **opens** at 9:00 A.M. and **closes** at 5:00 P.M.
この店は午前9時に開店し, 午後5時に閉店する.
☞この open, close はそれぞれ「開く」「閉じる」という意味の動詞. 後ろに名詞を取らないことに注意.

Doors **open** on the left/right side.
左側／右側のドアが開きます.
☞電車のアナウンス. 実際にドアが開く直前には Doors (are) opening/closing.というアナウンスがされることもある. すべてのドアが一斉に開閉するので The doors ...としても良いが, 慣用的にはつけない.

Eric **opened** the door.
Eric はドアを開けた.
☞ここでの open は「開ける」であり, 動作を対象である the door が後ろに来ている.

Bill **closed** the door.
Bill はドアを閉じた.
☞ここでの close は「閉じる」であり, 動作を対象である the door が後ろに来ている.

Melinda **shut** the door.
Melinda はドアをさっと閉じた.
☞shut は動詞 close とほぼ同じだが, ニュアンス的に「さっと閉める」感じがある. The store **shuts** at 9 o'clock. / The door **shut** behind me. のようにも使える.

Exercises

♬017

A. 音声を聴いて，空所を埋めてください．

1) The store (   ) (   ) (   ) Wednesdays.

2) The store (   ) (   ) 8:00 P.M.

3) The windows (   ) (   ).

4) Could you (   ) (   ) (   )?—Sure.

B. 語句を並び替えて，英文を完成させてください．

♬018

5) [closes / at 9:00 P.M. / at 8:00 A.M. / opens / the grocery store / and].

6) [closed / before going to bed / all the windows / Joan].

7) [is open / the museum / on weekends / only].

19

#7 start / begin / stop / finish / end

開始・中断・終了に関する動詞をまとめます.「…することをやめる」というときに stop doing を使って, X stop to do とは言わないなど, 意味だけでなく使い方をしっかり覚えることが必要です.

♪019

The meeting **started/began** at noon and **finished/ended** at 2.
会議は正午に始まり, 2:00 に終わった.
☞「もの・ことが始まる・終わる」という用法

We **started/began** the meeting at noon and **finished/ended** it at 2.
私たちは正午に会議を始め, 2:00 に終えた.
☞「人がもの・ことを始める・終える」という用法

Missy **started/began** *work*<u>ing</u> in fashion when she was sixteen.
= Missy **started/began** <u>to *work*</u> in fashion when she was sixteen.
Missy はファッション業界で16歳のころから働き始めた.
☞ start/begin to do / start/begin doing「…することを開始する」

It's two o'clock. Let's **get started**.
2時だ. 始めようか.
☞話し言葉で get started「始める」という表現はよく使われる.

The train **stops** at Gonzaga Station.
電車は Gonzaga 駅で止まる.
☞「もの・ことが止まる」という用法.

I usually **stop** work at six.
私はたいてい6時に仕事を終える.
☞「もの・ことを中断する・やめる」という用法. **Stop** <u>Lisa</u>! I need to talk to her.(Lisa を引き止めて! 彼女に話があるんだ)のように人を後ろにとることもできる.

Stop <u>*teas*ing</u> me!
からかうのはやめてちょうだい.
☞stop doing で「…するのをやめる」

Why don't we **stop** and take a break?
作業をやめて, 休憩しない?
☞stop and do あるいは stop to do で「中止・停止して…をする」 Karen **stopped** to talk to Anne. = Karen **stopped** and talked to Anne. / Karen **stopped** talking to Anne.の違いに注意.

20

Exercises

A. 音声を聴いて，空所を埋めてください．

♬020

1) Let's (　　　) (　　　) (　　　　　) a break?—That's a good idea.

2) What time (　　　) the (　　　) (　　　　)?—At noon.

3) The movie (　　　　) (　　　　) 8:00 P.M. and (　　　　) (　　　　) 10:00 P.M.

4) We are (　　　　) (　　　　) feel excited about tomorrow's concert.

B. 空所にあてはまる語句を選び，英文を完成させてください．

♬021

5) The express train does not ------- at Zama Station.
   (A)　end
   (B)　finish
   (C)　stop
   (D)　begin

6) The company stopped ------- different kinds of food products and started focusing on sweets.
   (A)　to make
   (B)　making
   (C)　and made
   (D)　being made

7) Fred saw Mary on the street and stopped ------- to her.
   (A)　to talk
   (B)　talking
   (C)　and talk
   (D)　talked

#8 tell / say / speak / talk

「話す」「しゃべる」を表わす動詞は tell, say, speak, talk とありますが, それぞれ使い方が違います. 後ろに話す内容, 話す相手を持ってくるときにどういう使い方をするのかというのをきちんと覚えて使えるようにすることが大事です.

♪022

Mr. Bradley always **tells** his wife the truth.
Bradley さんはいつも奥さんに本当のことを話す.
☞= Mr. Bradly always **tells** the truth to his wife. tell X Y = tell Y to X「X に Y を話す」

Mr. Tanaka **told** his assistant <u>to</u> *contact* Mr. Paulson.
Tanaka さんは自分の秘書に Paulson さんに連絡するように言った.
☞tell X to *do*「X に…するように言う」

Nick **told** his assistant <u>that</u> he would be back next Monday.
Nick は秘書に来週の月曜日に戻って来ると伝えた.
☞tell X that ~「X に~と話す」

Michelle **speaks** three languages—Chinese, Japanese, and English.
Michelle は中国語・日本語・英語の3ヶ国語を話す.
☞speak は「ことばを発する」という意味なので, 外国語を話すというときは speak を使う.

Rich **spoke** <u>to</u> Hiroshi.
Rich は Hiroshi と話した.
☞speak to/with X「X と話す」Rich **talked** <u>to/with</u> Hiroshi.とも言えるが, 双方ことばを交わしたニュアンスが強くなる.

We **talked** <u>about</u> very important issues.
私たちはとても重大なことがらについて話した.
☞talk about X「X について話す」 = We discussed very important issues.

Rob **says** <u>that</u> he is coming back to Japan in the fall.
Rob は秋に日本に帰ってくると言っている.
☞say that ~ と say, "…" の両方が可. = Rob **said**, "I'll be back in the fall."

Exercises

A. 音声を聴いて, 空所を埋めてください.

♪023

1) You (   ) (   ) (   ) I had to exercise more.

2) Todd (   ) (   ) a girl, but she did not answer.

3) Todd (   ) (   ) Lucinda, so now she knows that he would be leaving.

4) Mr. Xi (   ), "We're going to open an office in Seoul next year."

B. 空所にあてはまる語句を選び, 英文を完成させてください.

♪024

5) Ms. Nelson ------- her assistant to check her schedule tomorrow.
   (A)   said
   (B)   spoke
   (C)   talked
   (D)   told

6) Aaron and Andrew could not ------- their boss the good news.
   (A)   tell
   (B)   speak
   (C)   talk
   (D)   say

7) Gayla has lived in Japan for more than 15 years, so she ------- perfect Japanese.
   (A)   tells
   (B)   speaks
   (C)   talks
   (D)   says

23

#9 give

基本動詞 give は単に「与える」と覚えているだけでは, 実用では使えません. give X Y = give Y to Y という語法はもちろん, give a presentation/speech というようなコロケーション, さらには give up のような句動詞も覚えている必要があります.

♬025

Mr. Dunn did not **give** us any information about the workshop.
Dunn さんはその研修会についての情報をまったく提供しなかった.
☞＜give X Y＞ で「X に Y をあげる・提供する」

Mr. Cho **gave** Annie a job.
Cho さんは Annie に仕事を提供した.
☞この文は Mr. Cho **gave** a job <u>to</u> Annie.と書き換えることができる.

The pop singer **gave** us a cute smile.
そのアイドルは私たちに可愛らしい笑顔を見せてくれた.
☞me, you, his, her, us, them など代名詞の場合は *gave a cute smile to us とは標準英語では言わない. ただし, 両方代名詞の場合は Rich gave it to me.として *Rich gave me it.とは言わない.

I'll **give** you a call later.
あとで電話するよ.
☞I'll call you later.と同じ.

Mei and Liz are going to **give** a presentation in Thailand next month.
Mei and Liz はタイで来月発表をする.
☞give a presentation はよく使われるコロケーション. give a speech もよく使われる.

The speaker **gave** some documents out.
その講演者は資料を配った.
☞ give X out で「X を配布する」 X が代名詞以外のときは, The speaker **gave** out some documents.のように書き換えることも可能.

Mark **gave up** attending the event.
Mark はそのイベントに参加するのをあきらめた.
☞give up *doing* で「…するのをあきらめる」

Exercises

A. 音声を聴いて，空所を埋めてください.

♫026

1) Conrad (　　　　) me some (　　　　) on finding a good supplier.

2) Lisa is going to (　　　) (　　　) (　　　) tomorrow.

3) What time are we going to meet up?—We haven't decided. I'll (　　　) (　　　) (　　　) (　　　) later.

B. 空所にあてはまる語句を選び，英文を完成させてください.

♫027

4) [gave up / Jack / the workshop / attending].

5) [about the exam / us / useful information / gave / Ms. Shibuya].

6) [out / gave / the speaker / some documents].

7) [some work / gave / Mr. Collins / his assistant].

---

6)「配る」という句動詞. 硬い英語では distribute という単語に置き換えられます.

#10 make

「新たに何かを作り出す」というイメージを表わすことばが make ですが、＜make＋X＋形容詞＞「～の状態にさせる」、＜make ＋ X ＋ 原形＞「X に…させる」という動詞の使い方をきちんとマスターする必要があります。また、make a choice, make a mistake, make an effort といったよく使われるコロケーションも覚えた方が良いでしょう。

♪028

This company **makes** clothing for women.
この会社は女性用の服を製造している。
☞make の第1語義は「つくる」

Eric **makes** a lot of money.
Eric はたくさんのお金を稼いでいる。
☞Eric earns a lot of money.と言い換えることもできる。

This movie **makes** people happy.
この映画は人々を幸せな気持ちにさせる。
☞＜make＋X＋形容詞＞で「Xを～の状態にさせる」

The movie **made** us cry.
この映画は泣かせる。
☞＜make＋X＋原形＞で「Xに…させる」

We finally **made** a decision.
私たちはついに決断をした。
☞make a decision = decide, 他に make a phone call = call/phone, make a reservation = reserve などがある。

This T-shirt is **made** of cotton.
この T シャツは綿でできている。
☞be made of X「X でできている」。材料がある程度、原形をとどめているときに使う。

This bread is **made** from wheat.
このパンは小麦から作られている。
☞be made from X「X でできている」。材料が、原形をとどめていないときに使う。

Exercises

A. 音声を聴いて，空所を埋めてください．

♪029

1) This table (　　　) (　　　) (　　　) wood.

2) Mindy (　　　) (　　　) (　　　) for an hour.

3) My boss (　　　) a comment. It (　　　) (　　　) angry.

4) Burns Company (　　　) (　　　) (　　　) international markets.

B. 空所にあてはまる語句を選び，英文を完成させてください．

♪030

5) It is very difficult to make yourself ------- in a foreign language.
   (A)   understanding
   (B)   to understand
   (C)   understood
   (D)   understand

6) We had to make ------- between Jim's idea and Wayne's.
   (A)   choose
   (B)   chose
   (C)   choosing
   (D)   a choice

7) The photographer made the model ------ on a pair of beach sandals.
   (A)   to put
   (B)   putting
   (C)   put
   (D)   for putting

---

5)「自分のいうことを他人にわかってもらう」

#11 bring / take

「どこかに向かう」なら bring, 「どこかから離れる」なら take ですが, より具体的な使い方も頭に入れていないとスピーキングやライティングには応用できません.

♪031

Nick **brought** some of his coworkers to the party.
Nick は自分の同僚のうちの何人かをパーティーに連れて来た.
☞bring は話題にしている場所に人やものを「連れて・もって来る」ときに使う.

Could you **bring** me two coffees, please?
コーヒーを2つお願いします.
☞bring X Y「X に Y を持ってくる」 Could you **bring** two coffees to me?とも言える.

What **brings** you (in) here today?—I've got a special meeting.
どうして今日はここに来たのですか？―特別な会議があるんです.
☞予期しない日に知り合いに出会ったときに使う. What **(has) brought** you here?だとよく知らない人に使う. たとえば, 観光客に What **has brought** you to Japan?などと訊くことができる. Why are you here? / Why did you come here?とはあまり言わない.

I'll **take** Amanda to the airport.
Amanda を空港に連れて行くよ.
☞いまいるところから別の場所に移動させるときには take を使う.

Can I **take** this book?
これの本を買っていいですか.
☞「提示された条件を受け入れる」が原義で買い物などのときの決まり文句.

It will **take** at least three weeks to finish this job.
この仕事を終えるのには最低でも3週間かかるだろう.
☞「時間を費やす」という意味で, ＜It＋take（＋人）＋時間＋to do＞の形をよく取る.

How should we get there?–We can **take** a taxi.
そこにどうやっていったらよいかな？―タクシーを使えばいいよ.
☞「交通手段を利用する」という意味.

Let's **take** a break.
ちょっと休憩しよう.
☞決まり文句. take a shower, take a day off などもある.

Exercises

A. 音声を聴いて，空所を埋めてください．

♫ 032

1) You should (   ) some money with you.

2) I'm sweating. I need to (   ) a shower.

3) You have a book about Mr. Ozawa at home, right? Could you
   (   ) it to me tomorrow?

B. 語句を並び替えて，英文を完成させてください．

♫ 033

4) [his son / Mr. Bradley / to the office / brought].

5) [another cup of coffee / me / you / bring / could]?

6) [to finish the project / more than / it / three weeks / took].

7) [I / this / can / skirt / take]?

#12 allow / let

「誰かに…することを許す・自由にさせる」という意味では allow, let は非常に似た言葉ですが, 使い方には＜allow X to *do*＞, ＜let X *do*＞という形にしたときに to がつくかつかないかなどやや違いがあります.

♫034

Our company does not **allow** its employees <u>to *bring*</u> personal laptop computers.
私たちの会社では従業員に自分のラップトップコンピューターを持ち込ませません.
☞allow X to do「X に…することを許す」

You <u>are not **allowed**</u> to *park* your car here.
ここに車を止めてはいけません.
☞受け身形. ほぼ同じ意味を You are not supposed to park your car here.と言える.

If you hear anything from Jack, please **let** me *know*.
なにか Jack から連絡があったら, 私に知らせてください.
☞let X *do*「X に…させる」

Let's *hold* a farewell party for Keiko.
Keiko のためにお別れ会を開こう.
☞let's *do*「…しよう」はよく使われる慣用表現だが, let's は let us の省略形.

Let's <u>not</u> *go* outside today. It's too hot.
今日は外に行くのはやめよう. 暑すぎるよ.
☞let's *do* の否定は let's not *do* が普通. don't let's *do* を使うネイティヴもいるが使用頻度は低い.

Juliette's parents never **let** her see Romeo.
Juliette の両親は決して彼女が Romeo と会うことを許さなかった.
☞ let は受け身にすることができない. 言い換えるなら, Juliette **was not allowed to** see Romeo. となる.

Exercises

A. 音声を聴いて，空所を埋めてください．

♫ 035

1) I had to pick up my daughter at her school. Luckily, my boss
 (   ) (   ) (   ) earlier today.

2) Excuse me. You (   ) (   ) (   ) to take pictures
 inside the museum.

3) You are carrying a big table. (   ) (   ) (   ) you
 with that.

4) (   ) (   ) (   ) (   ) something about this
 new movie. It is a love romance between a punk rock star and
 a mayor.

5) My boss (   ) (   ) (   ) (   ) a long vacation in
 May.

B. 空所にあてはまる語句を選び，英文を完成させてください．

♫ 036

6) The company allows its employees ------- casual clothes.
 (A) wear
 (B) to wear
 (C) wearing
 (D) worn

7) The store manager ------- all the clerks know Wednesday that
 the store will be open between 7:00 A.M. and 9:00 P.M. from
 August.
 (A) allow
 (B) allowed
 (C) let
 (D) let's

31

#13 feel / think / consider

思考や感情を表わすときに使われる語句の使い分けです. feel が感覚的なものに対して, think が自分の考えを述べるという違いもありますが, それ以上に後ろにことばを続けるときにどういう使い方をするのかをきちんと押さえておきましょう.

♬037

Everybody thinks <u>that</u> PJ is a funny guy.
みんなが PJ は面白い人だと考えている.
☞think that ~「~と思う・考える」. that の後はセンテンスの形をした要素がくる.

Hiroko is thinking <u>about</u> starting a new business.
Hiroko は新しい会社を興すことを考えている.
☞ think of X「X に注意を奪われている」(X は考える対象としては狭い), think about X「X に頭を使っている」(X は広い)という若干のニュアンスの違いがあるが, 多くの場合どちらを使っても間違えではない.

I feel sick today.
今日は気分が悪い.
☞feel like *doing*「…する気分だ」(= want to *do*). feel like X = want X という用法もある. I feel like a hot shower.「シャワーを浴びたい」

I feel <u>like *eat*</u>ing something.
何か食べたい.
☞feel like *doing*「…する気分だ」(= want to *do*). feel like X = want X という用法もある. I feel like a hot shower.「シャワーを浴びたい」

Everybody feels <u>that</u> Mr. Young is the best person for the job.
みんなが Young さんがその仕事の適役だと思っている.
☞ feel that ~「~と感じる」

Have you **considered** <u>*start*ing</u> your own company?
自分の会社を始めることを考えたことはありますか.
☞consider = think of/about 名詞あるいは *doing* をすぐ後ろにとる. *consider about/of としない.

We consider this project very important.
私たちはこのプロジェクトをたいへん重要なものと考えています.
☞consider X ~「X を~と考える」

Exercises

A. 音声を聴いて，空所を埋めてください.

1) I (   ) (   ) tomorrow's meeting will be canceled.

2) I'm (   ) (   ) buying another car.—I (   )
   (   ) it's a good idea.

3) I don't (   ) (   ) today. Can I leave early?—Sure.
   Take care of yourself.

4) Have you ever (   ) (   ) jobs?—Not at all. I like
   working here.

B. 空所にあてはまる語句を選び，英文を完成させてください.

5) The company is ------- hiring some people.
   (A) thinking
   (B) feeling
   (C) believing
   (D) considering

6) A lot of people ------- disappointed when Ms. So announced her
   retirement.
   (A) thought
   (B) felt
   (C) believed
   (D) considered

7) Mr. Burns is thinking ------- renting his house during the summer.
   (A) in
   (B) at
   (C) from
   (D) of

33

#14 find / know / learn

それぞれ,「見つける」,「知っている」,「習う」と覚えるだけでは十分な知識とは呼べません. 例えば, Roger **is learning** Korean.「Roger は韓国語を勉強している」では learn は study と違い言語スキルを身につけるというニュアンスがあることなど, 使い方をきちんと覚える必要があります.

♫040

Where **did** you **find** that jacket?—I **found** it at the clothing store on Foster Street.
そのジャケットをどこで見つけたの？—Foster 通りの洋服屋さんだよ.
☞第1語義は「見つける」.

How was the movie?—I **found** it boring.
その映画はどうだった. —つまらなかった.
☞find X ~「X が～であるとわかる」

I'**ve found** there are a lot of mistakes in this report.
この報告書にはたくさんの誤りがあることがわかった.
☞find that ~「～とわかる」

Jessica **found** me a job.
Jessica は私に仕事を見つけてくれた.
☞find X Y「X に Y を見つけてあげる」= Jessica **found** a job <u>for me</u>.

I **know** Wayne Hutchins. We work at the same company.
Wayne Hutchins なら知っているよ. 同じ会社で働いているんだ.
☞know X「X を知っている」 X が人のときは「知り合いである」ということ.

I **know** about Wayne Hutchins. He is a great leader.
Wayne Hutchins についてなら知っているよ. 彼はいいリーダーだ.
☞know about X「X について知っている」 人の特徴や性格・仕事ぶりなどについて知っていることを表わす. I **know** <u>(that)</u> Wayne Hutchins is a great leader.も可能.

Taku **learned** <u>to *play*</u> the guitar when he was ten.
Taku は10歳のとき, ギターが弾けるようになった.
☞learn to *do*「…できるようになる」

We **learned** <u>that</u> Peter was not coming.
私たちは Peter が来ないと知った.
☞learn = get to know

34

Exercises

A. 音声を聴いて, 空所を埋めてください.

♫ 041

1) Roger is (　　　　) Korean.

2) I know Jane, but I don't know (　　　　) (　　　　) her.

3) How was the game?—I (　　　　) it (　　　　).

B. 空所にあてはまる語句を選び, 英文を完成させてください.

♫ 042

4) New employees must ------- to use this software.
   (A)   know
   (B)   study
   (C)   find
   (D)   learn

5) The lecturer found ------- there are a few mistakes in her slides.
   (A)   that
   (B)   so
   (C)   it
   (D)   this

6) Ms. Robertson ------- Mary a job.
   (A)   knew
   (B)   learned
   (C)   found
   (D)   studied

#15 see / watch / look at

「見る」にあたる語でも see には「対象が目に自然に入ってくる」, look at は「意識して目を向ける」, watch「動いているものを見る」というニュアンスの違いがあります. 使い方もきちんと学習しましょう.

♪043

I **saw** Karen in the lobby.
Karen をロビーで見かけた.
☞see は対象が「目に入ってくる」というニュアンス.

Chiko **sees** her boyfriend on the weekend.
Chiko は週末彼女のボーイフレンドに会う.
☞see には「会う」という意味もある. 最初に会う場合は meet.

See you Saturday.
それでは土曜日に.
☞別れの挨拶. **See** you <u>on</u> Saturday.でもよい.

Some people **saw** Dharma and Koji *hav*ing an argument.
何人かの人が Dharma と Koji が言い争う様を見ていた.
☞see X *doing* X が…しているのを見る. see X *do* は Meg **saw** Tim *hug* Sally.「Meg は Tim が Sally にハグするのを見届けた」のように一部始終見たニュアンスが出る.

We **watched** a soccer game at Dublique Stadium.
私たちは Dublique 競技場でサッカーの試合を見た.
☞watch には「動いているものを見る」ニュアンスがある.

People **are watching** Eric *do* magic.
人々は Eric がマジックをするのを見ている.
☞watch X *do/doing*「X が…する／しているのを見る」

A lot of people **were looking** <u>at</u> the girl with purple hair.
多くの人々がその紫色の髪の女の子を見ていた.
☞look は「目を向ける」 通常対象をとるときは, look at X の形をとる.

Charles **looks** very busy.
Charles は忙しそうに見える.
☞＜look＋形容詞＞「…のように見える」 もの・ことを後ろにとるときは look like X. Gayla looks like a supermodel.

Exercises

A. 音声を聴いて, 空所を埋めてください.

♫044

1) You look (   ). You should get some rest.

2) Many people came to the rock festival to (   ) Keigo
   (   ) the guitar.

3) Conrad likes to (   ) TV after dinner.

B. 空所にあてはまる語句を選び, 英文を完成させてください.

♫045

4) Wendy ------- a client in the morning before getting to work.
   (A) watched
   (B) looked
   (C) saw
   (D) talked

5) The boss carefully looked ------- the document to make sure
   that there was no mistake in it.
   (A) for
   (B) like
   (C) at
   (D) back

6) James ------- Emily leave the room.
   (A) watched
   (B) looked
   (C) met
   (D) found

#16 hear / listen to

ニュアンスの違いである hear「自然に耳に入ってくる」, listen to が「意識して聴く」からはじまり, スピーキングやライティングのためには後ろにどんな言葉が続くかによって細かい使い方を押さえる必要があります.

♫046

Could you speak up a little? I can't **hear** you.
もう少し大きな声で話してくれますか. 聞こえないんです.
☞hear は「耳に入る」というニュアンス.

Did you **hear** <u>that</u> Aya is leaving?
Aya が辞めるって聞いた？
☞hear that ~「~を耳にする」

I **haven't heard** <u>from</u> Namie. What is she doing now?
Namie から連絡がない. 彼女はいまどうしているの？
☞hear from X「X から連絡がある」

I**'ve heard** <u>about</u> Jenny. She seems really smart.
Jenny については聞いているよ. すごく頭が良いみたい.
☞hear about X「X について伝え聞く」

Cassie **heard** two people *talking* about her.
Cassie は 2 人が彼女について話をしているのを耳にした.
☞hear X *doing*「X が…しているのを耳にする」

Josh **heard** somebody <u>*open*</u> the door.
Josh は誰かがドアを開けるのを聞いた.
☞hear X *do*「X が…するのを一部始終聴く」

Are you **listening** <u>to</u> me?
私の話を聞いているの？
☞listen to X「X を聞こうとする」. me = what I say

Amy never **listens** <u>to</u> others.
Amy は他人の意見に耳を貸さない.
☞listen to X は比喩的に「（他人の）意見を受け入れる」という意味になることがある.

Exercises

A. 音声を聴いて，空所を埋めてください.

♬047

1) (　　　　　) you (　　　　　　) anything from Cindy?—Yeah, I got her e-mail a few days ago.

2) Everybody (　　　　　) carefully (　　　　　) Ms. Hashimoto's speech.

3) Did you (　　　　　) (　　　　　) the company is going to open a new office in London?—No, who said that?

4) Because of the noise, we (　　　　) (　　　　) (　　　　) what Mr. Kowalski was saying.

B. 空所にあてはまる語句を選び，英文を完成させてください.

♬048

5) Ms. Holster ------- to her colleagues before making a decision.
   (A)　heard
   (B)　saw
   (C)　looked
   (D)　listened

6) Few people heard ------- Ms. Mason's marriage.
   (A)　from
   (B)　to
   (C)　on
   (D)　about

7) Bob and April heard somebody ------- the guitar outside.
   (A)　to plays
   (B)　is playing
   (C)　playing
   (D)　played

#17 want / wish / hope

似た意味の語ですが, want は want to *do*, want X to *do* という使い方をするのに対して, hope は hope to *do*, hope that ～という使い方をします. wish は現実では達成されていないことに対する希望のニュアンスがあります.

♫049

Jennifer wants more time to finish her sales report.
Jennifer は営業報告書を書き終えるための時間がもっとほしい.
☞want の「望む・ほしがる」対象が more time.

Karl wants to take a day off on Tuesday.
Karl は火曜日に休みをとりたい.
☞ want to *do*「…することを望む」「…したい」

Ericka wanted me to go with her.
Ericka は私が彼女に同行することを望んだ.
☞want X to *do*「X が…するのを望む」 X が to *do* の動作の主体.

Jeff is hoping for a promotion.
Jeff は昇進を望んでいる.
☞want は be *doing* をとれないので, 言い換えは Jeff wants a promotion.となる.

Ian hopes to work in the Los Angeles office.
Ian はロサンゼルス事務所での勤務を希望している.
☞ hope to *do*「…することを希望する」

Ian hopes that he will work in the Los Angeles office.
Ian はロサンゼルス事務所での勤務を希望している.
☞hope that ～「～ということを希望する」

I wish you luck.
うまく行くことを祈っているよ.
☞wish X Y「X に Y を祈る」 英語では自分から **Wish** me luck.ということもある.

I wish I could attend the party.
そのパーティーに参加できればよいのですが.
☞I wish (that) ～「～だったらよいのに」 that ～ は実現できないことを述べる. また, that は通常省略される.

Exercises

A. 音声を聴いて, 空所を埋めてください.

♫050

1) Do you want (   ) (   ) (   ) that stuff?—Yes, please. Thanks.

2) Everybody (   ) (   ) Peter will be our next sales manager.

3) Do you want to go out to lunch with us?— (   ) (   ) (   ) (   ), but I have a meeting at 1:30.

4) I wish (   ) (   ) in life.

B. 空所にあてはまる語句を選び, 英文を完成させてください.

♫051

5) Jonathan ------- that he will work in the New York office.
   (A) wishes
   (B) wants
   (C) needs
   (D) hopes

6) Mr. Robertson ------- more young people to watch his movies.
   (A) wanted
   (B) wished
   (C) hoped
   (D) liked

7) Alan is ------- for a promotion.
   (A) wanting
   (B) hoping
   (C) wishing
   (D) registering

#18 enjoy / like / look forward to

使い方をきちんと覚えるのが大事です. enjoy *doing* に対して, like to *do*, like *doing* のどちらも可能です. look forward to *doing* をきちんと覚えていない学習者はたくさんいます. would like, would like to *do* もきちんと押さえておきましょう.

♬052

Mr. Wada enjoys trying new things.
Wada さんは新しいことに挑戦するのが好きです.
☞enjoy *doing*「…することを楽しむ」. *enjoy to *do* とはできない.

Are you **enjoying** yourself?
楽しんでいますか
☞Enjoy!「楽しんでね」と声がけを除いて, enjoy は基本的に楽しむ対象を後ろに取る. この文は Are you having a good time?と言い換え可能.

Jun **likes/loves** music.
Jun は音楽が好きだ.
☞love のほうが意味が強い.

Shawn **likes** to talk. / Shawn **likes** talking.
Shawn は話をするのが好きだ.
☞like/love は to *do* と *doing* のどちらも後ろにとることができる.

We have orange juice, Sprite, and water.—**I'd like** orange juice.
オレンジジュースとスプライトと水がございます. —オレンジジュースをください.
☞I like orange juice.とは違って, would like (='d like)は選択肢を与えられて自分の好きなものをその場で選ぶときに使う.

I'd like to go to Africa next year.
来年アフリカに行きたい.
☞願望を表わす want to *do* の丁寧な表現が would like/love to *do*. ＜would like X to *do*＞「X に…してほしい」という用法も覚えておきたい. My boss **would like** <u>me</u> **to** work on the weekend.

We **look forward to** <u>seeing</u> you.
あなたにお会いするのを楽しみにしています.
☞look forward to *doing*「…するのを楽しみにしています」はよくメールの最後などで使う決まり文句. *We look forward to see you.としないようにすること.

Exercises

A. 音声を聴いて, 空所を埋めてください.

♫ 053

1) Kate (　　　　) (　　　　) (　　　　) (　　　　) admit her mistakes.

2) See you in New York.—Right. I'm (　　　　) (　　　　) (　　　　) (　　　　) you soon.

3) (　　　　) your weekend.—You too.

B. 空所にあてはまる語句を選び, 英文を完成させてください.

♫ 054

4) Any company president ------- cut costs and make more profits.
   (A) enjoys
   (B) likes
   (C) likes to
   (D) would like to

5) Mr. Roland enjoys ------- about his business.
   (A) to talk
   (B) talking
   (C) talked
   (D) talk

6) People in Tokyo ------- to wear fashionable clothes.
   (A) like
   (B) enjoy
   (C) look forward
   (D) loves

#19 will vs. be going to

未来を表わす表現として will と be going to がありますが, 両者は同じではありません. 大きなニュアンスの違いとして will がその場で決めたことに使われるのに対して, be going to はあらかじめ予定されていることについて使われます. また, will と違って, be going to は He **is going to** work tomorrow.のように主語に合わせて形を変化したり, I **was going to** call Mom.「…するところだった」というような時間帯も表わすことができます.

♪055

I think France **will** win the World Cup.
フランスが W 杯で勝つと思う.
☞未来への予測を表わす will

No problem. I**'ll** pick them up for you.
大丈夫. ひろってあげるよ.
☞ものを落とした人に対して, その場で決めたアクションの前には will

Today we**'re going to** discuss our marketing strategies.
今日は, 営業戦略について話します.
☞あらかじめ予定されていることは be going to *do* を使う.

What **are** you **going to** do this summer?—I**'m going to** see my sister in Colorado. / I don't know, but I**'ll** probably see a lot of movies.
夏は何をする予定なの？—Colorado にいる妹に会いにいく. ／わからないけど, たぶんたくさんの映画を観る.
☞予定を聞くときはかならず be going to *do*, まだ決まっていないことを述べるときは will を多くの場合 probably と一緒に使う.

Where's Catherine?—She**'s com**ing back soon.
Catherine はどこ？—すぐ戻ってくるよ.
☞すぐ先の未来でどうなるかがはっきりわかっているときは＜be + *doing*＞を使う.

Our flight **leaves** at 9:00 A.M.
私たちのフライトは9時出発です.
☞時刻表やスケジュールがはっきり記載されているような予定は現在形を使う.

Exercises

A. 音声を聴いて，空所を埋めてください．

♫ 056

1) (　　　　) Darin be back later?—Yes, (　　　) (　　　)
(　　　　) here in a few minutes.

2) Who can help me do this?— (　　　) (　　　).

3) What (　　　) (　　　) (　　　　) to do this weekend?—
(　　) (　　　　) to visit my mother-in-law.

4) What's your plan for this summer?—I don't know, but (　　　)
(　　) (　　　　) visit my cousin in Canada.

5) (　　　) (　　　　) at Norris Hall tonight.

6) The movie (　　　　) in an hour.

B. 語句を並び替えて，英文を完成させてください．

♫ 057

7) [within a few days / will / Mr. Lowly / the work / finish].

8) [give a presentation / Mr. Sandford / next week / is going to / in Rome].

45

#20 can vs. be able to

能力を表わすときの can は be able to に置き換えることができますが, can には「許可」や「可能性」など be able to にない使い方もあります. また, be able to は We should be able to use the Internet by next week.のように will, should などの後ろで使ったり, 過去の能力を表わすこともできます.

♫058

Andrew **can** speak five languages.
Andrew は5ヶ国語を話すことができる.
☞能力を表わす. 否定の場合は PJ can't swim.「PJ は泳げない」のように cannot または can't を使う. 話し言葉では通常は後者.

We'**ll be able to** use this room from September.
9月からこの部屋を使うことができるようになる.
☞将来的に可能になることについては will be able to *do* を使う.

Andrew **could** speak five languages.
Andrew は5ヶ国語を話すことができた.
☞過去の能力は could で表わす.

Alan **was able to** catch the 7:55 train.
Alan は7時55分の電車に乗ることができた.
☞過去に一時的にできたことは was/were able to *do* を使うか. 単に, Alan caught the 7:55 train.のように表現する. 否定の場合は Alan **was not able to** / **couldn't** catch the 7:55 train. のどちらを使うこともできる.

Can you hold this for a second?
ちょっとのあいだこれを持っていてくれる？
☞ものを頼むときに Can you ~?を使う. 丁寧にする場合は Could you ~?

Can I help you?
何かご用ですか？
☞May I ~? = Can I ~? May I ~?が正式とされているが実際はよく使われる.

Eating disorders **can** happen to anybody.
摂食障害は誰にでも起こりうる.
☞可能性を表わす can で, 否定の場合は「…のはずがない」 という意味になる. It **can't** be true. (まさか)は決まり文句.

Exercises

A. 音声を聴いて，空所を埋めてください．

♫059

1) (   ) (   ) (   ) you?—Yes, I'm looking for a wool cardigan.

2) (   ) (   ) (   ) here for a minute?

3) (   ) (   ) (   ) (   ) (   ) use this place for a while.

B. 空所にあてはまる語句を選び，英文を完成させてください．

♫060

4) [happen to anybody / heat stroke / at any time / can].

5) [finally was able to / yesterday / Brian / contact Ms. Jones].

6) Rachel [she was younger / play tennis better / when / could].

7) Matilda will be in a Hollywood movie!—[true / can't / it / be].

#21 must vs. have to

「…しなければならない」を表わす言葉として must, have to がありますが, 両者はまったく同じではありません. must のほうがニュアンスが強いことに加えて, 否定形にすると大きく意味が変わります. さらに, have to は will have to, had to のように未来や過去の必要性を表わせますが, must ではそれができません.

♪061

Every employee **must** wear a uniform at work.
すべての従業員は仕事中, 制服を着ていなければいけない.
☞must は強い強制や義務を表わす.

Sorry, I **must** go. I've got a meeting at 3 o'clock.
ごめん, 行かないと. 3時に会議があるんだ.
☞強い必要性を表わす. I **have to** go. / I've **got to** go.と書き換え可.

You **must** be Mark. Hi, I'm Laurie.
あなたが Mark さんですよね. よろしく, 私は Laurie です.
☞「Mark さんに違いない」という強い確信を表わす.

We **have to** communicate with each other.
私たちはお互いに意思疎通しないといけない.
☞一般的な必要性を表わすときは have to を通常用いる. 口語では We've **got to** communicate with each other.のように have got to も用いられる.

We'll **have to** hire more people if our workload increases.
仕事量が増えたら, 人をもっと雇わなくてはならないだろう.
☞must は時制を動かすことはできないので, 未来についての必要性に言及するときは have to *do* を使う. need to *do* も使える. = We'll need to hire …

David **had to** get back to his office by 2:00 P.M.
David は2時までに自分のオフィスに戻って来なければならなかった.
☞過去の義務・必要性にも must は使えないので, have to *do* を使う.

Roger **doesn't have to** work today.
Roger は今日働く必要がない.
☞have to *do* の否定形は「…する必要はない」という不必要を表わし, 禁止を表わす must not とは異なる. Employees **must not** wear jeans to work.(従業員は職場にジーンズを着用してはならない)

Exercises

A. 音声を聴いて，空所を埋めてください．

♪062

1) You (　　　　) kidding.

2) Do we (　　　　) contact Mr. Suzuki?

3) Can I wear sandals to work?—No, you (　　　　) (　　　　) wear them.

B. 空所にあてはまる語句を選び，英文を完成させてください．

♪063

4) Every clerk must ------- a uniform at work.
　(A)　wearing
　(B)　wore
　(C)　worn
　(D)　wear

5) Roger and Steve ------- to work today.
　(A)　do not have
　(B)　must not
　(C)　does not have
　(D)　have not to

6) The train stopped, and the passengers ------- wait more than 30 minutes.
　(A)　must
　(B)　have to
　(C)　had to
　(D)　will have to

49

#22 should vs. had better

「…べきである」には should,「…したほうがよい」とは had better いう日本語で覚えているとコミュニケーション上の大きな誤りをしてしまう可能性があります. should は「自分としては…するのが望ましいと思う」と個人的な考えを述べているのに対し, had better は「…をしないとまずいことがおこる」というような不利益・問題を避けるニュアンスがあります. したがって, 相手に穏やかに進めるときに You had better を使うのは不適切です.

♪064

Heather got Mitch angry. She **should** apologize to him.
Heather は Mitch を怒らせてしまった. 彼女は彼にあやまったほうがいいよ.
☞「…したほうがいい」と忠告や考えを述べたりするときもっとも一般的なのは should

You **should** eat healthy food.
健康な食事をしたほうがいいよ.
☞特に主語が You のときは*You had better …は強い警告なのであまり使われない.

You **may want to** ask Todd for help. He is good at technology.
Todd に助けを求めるといいよ. 彼はテクノロジーに強いから.
☞学校英語ではあまり教えないが, 日常会話は相手に何かすることを勧めるときは may/might want to *do* という表現がかなり頻繁に使われている.

Irene is totally misunderstanding my message. I'**d better** talk to her in person.
Irene は完全に私のメッセージを誤解しているようだ. 直接彼女と話したほうがいいな.
☞「…しないとまずい」というような状況で I や we を主語にするぶんには had (='d) better の使用は適切. We'**d better** leave now.

Bosses **should** not favor any employee over the others.
上司は他より特定の従業員を誰であれえこひいきすべきではない.
☞否定のときは should not *do* の形をとる.

We'**d better** not use Highway 13 today. It'll be really busy.
高速13号線はきょうは使わない方がいいよ. すごく混雑するから.
☞had better not *do* という語順に注意.

Exercises

A. 音声を聴いて, 空所を埋めてください.

♫ 065

1) (　　　) (　　　　　) go now. I have a meeting with Mr. Flower at 2 o'clock.

2) You (　　　) (　　　) (　　　　　) think about changing tires. These are pretty worn out.

3) Darin (　　　) (　　　　) criticizing his boss. Otherwise, he won't get a promotion.

4) (　　　) (　　　　) talk now or after the meeting?—Let's wait until the meeting ends.

B. 語句を並び替えて, 英文を完成させてください.

♫ 066

5) [should not / bosses / in front of the others / criticize / any employee].

6) [may want to / than this one / a newer model / you / use].

7) [this copy machine / not / better / we'd / use]. It often jams.

8) [for harassing them at work / apologize to people under him / Mr. Uchida / should].

#23 may / might

多くの人が思うほど may と might には違いがありません. どちらも「弱い可能性」を意味します. 違いとして覚えておきたいのは, May I ...?のような「許可」を表わすときは might は使わないこと, 過去の時点での可能性を表わすときは might しか使えないということで, 他の場合は置き換え可能なことが多いです.

♫067

This book **may** be a bit difficult for you.
この本はあなたには少し難しいかもしれない.
☞「…かもしれない」という可能性を表わす. This book might be ...としてもほぼ同じ意味.

May I use your bathroom?—Sure. / Yes, you can.
トイレを使ってもよいですか？―もちろん. ／はい, どうぞ.
☞許可を求める May I ...? 返答のとき You may *do* とするのは文法的には正しいが, 少し上から目線なので You can *do* のほうが普通. ただし, Yes, ...より Sure.のほうがよく使われる. No.のときは I'm sorry, but ...と理由を述べる. ここでの May I ...?を *Might I ...?とすることはできない.

This **may** happen to anybody.
これは誰にでも起こることかもしれない.
☞この可能性の may も can に置き換えることができるが, 否定で It **may not** be true.は原則「それは本当ではないかもしれない」で It **can't** be true. (→ #20)とは意味にズレが生じる.

David **might** come to Friday's party.
David が金曜のパーティーに来るかもしれない.
☞これは David may ...としてもほぼ同じ意味.

Ben told us last year that he **might** move to Hong Kong.
Ben は去年, 私たちに香港に引っ越すかもと言った.
☞これは過去の発言の時点で Ben が可能性に言及したのでこういうときは may ではなく might を使う.

Exercises

A. 音声を聴いて，空所を埋めてください．

♫ 068

1) (　　　) (　　　) (　　　　　) your phone?— (　　　　), go ahead.

2) Andrew (　　　) (　　　　) a few years ago that he (　　　　) move to Machida, but he still lives in Asakusa.

3) (　　　) and (　　　　) might get married.—I don't think they will.

B. 空所にあてはまる語句を選び，英文を完成させてください．

♫ 069

4) [may / for you / this work / be a bit tough].

5) [that / might / told / to study art / Mao / us / she / go to France].

6) [any of us / may / this / happen to].

7) [you / I / may / help]?—Yes, do you sell batteries?

---

7)店員が入ってきた客にいう決まり文句.

#24 would / could

would, could の使用領域は過去に限定されるわけではなくて, むしろこれからすることを表わすときに使われるほうが頻度が高いと言えます.

♪070

When I lived in France, I **could** speak French very well.
フランスに住んでいたときは, フランス語をうまく話すことができた.
☞過去に継続的にできたことには could を使える. was/were able to *do* も使える.

This **could** happen to anybody.
これは誰にでも起こりうる.
☞この could は can, may に置き換えてもほとんど意味は変わらない.

Could you help me with this report?
この報告書を私が仕上げるのを手伝ってくれませんか？
☞Can you ~?より丁寧なものを頼むときの表現.

Would you turn the volume down?
音量を下げてもらえますか？
☞Will you ~?より丁寧だが, Could/Can you ~?と違って No という返答を期待していないニュアンスが強い.

Cindy **would** not listen to us. She's very stubborn.
Cindy は私たちのいうことをきかない. とても頑固だから.
☞未来に起こり得ることを表わす. will でも文法的に可だが, ニュアンスを和らげるために would が使われる. Peter **would** be a good leader.「Peter はよいリーダーになるだろう」のように否定以外でも使える.

Nobody thought that Murphy **would** be a company president.
誰も Murphy が会社の社長になるとは思わなかった.
☞過去の地点からみた未来.

I **wouldn't** be surprised if Hitomi got a promotion.
仮に Hitomi が昇進するようなことがあっても驚かない.
☞仮定の話をするときに使われる.

The two **would** practice together at home when they started the band.
バンドを始めたばかりのころは2人で一緒に家で練習したものだ.
☞過去に習慣的にしていた行為. used to *do* より具体的な行為に使われる.

Exercises

A. 音声を聴いて，空所を埋めてください．

♪071

1) (   ) (   ) be a little quiet? I can't concentrate.

2) I (   ) (   ) very pleased if Chris got a promotion.

3) (   ) (   ) help me with these packages?

4) Patricia (   ) sing well when she was in high school.

B. 語句を並び替えて，英文を完成させてください．

♪072

5) [write a novel / nobody / Charles / thought that / would].

6) Reina and Lisa [at home / practice together / when / would] they started a band.

7) [you / help / could / I] if you'd like.

#25 in / on / at

場所・時間・状態を＜in/on/at＋名詞・代名詞＞で表わすことができます. in は「内部」, on は「接触」, at は「点」という核となる意味から派生してさまざまな用法があります.

♫073

People are already **in** the room.
人々はすでにその部屋の中にいる
☞ in X「X という空間のなかに」

The conference is **in** May.
会議は5月にあります.
☞＜in＋月・年＞

The airplane for Los Angeles takes off **in** one hour.
Los Angeles 行きの飛行機は1時間後に離陸します.
☞in X（時間）「X 後に」

There are some pictures **on** the wall.
壁には何枚かの絵がかかっている.
☞on X「X に接触して」

The woman is putting a box **on** the floor.
女性は床に箱を置いている.
☞put X on Y「X を Y に置く」

The woman is talking **on** the phone.
女性は電話で話している.
☞on the phone「電話で」

Mr. Bradley works **on** Saturdays.
Bradley さんは土曜日に仕事をする.
☞＜on＋曜日＞. 特定の曜日を指すとき on は省略されることもある: Ms. Lee will arrive Monday. = Ms. Lee will arrive **on** Monday.「Lee さんは水曜日に到着する」

The speaker is pointing **at** the board.
講演者はボードを指差した.
☞at X「X に向かって」 at は場所を点として捉えるイメージ.

Exercises

A. 音声を聴いて，空所を埋めてください.

♪074

1) Mika works at a clothing store (　　　　　) 5th Street.

2) The grocery store closes (　　　　　) 10 P.M.

3) The supermarket is closed (　　　　　) Saturdays.

4) Some people are already (　　　　　) the room.

B. 空所にあてはまる語句を選び，英文を完成させてください.

♪075

5) A big rock concert is held in Naeba ------- August.
   (A)　on
   (B)　at
   (C)　in
   (D)　of

6) Lori and Stephen met ------- the station.
   (A)　to
   (B)　on
   (C)　in
   (D)　at

7) There are a few pictures ------- the wall.
   (A)　at
   (B)　in
   (C)　with
   (D)　on

#26 from / out of

from は人の出身地などものごとの「起点」を表わすことができます. out (of)は建物などの囲われた空間から「外へ」出(てい)ることを表わし, 派生して out (of)は人やものが「その場にない」状態を表わすこともできます.

♪076

Mr. Edison is originally **from** San Francisco.
Edison さんは San Francisco 出身です.
☞Mr. Edison is **from** San Francisco.だと「(今住んでいる)San Francisco から来ました」の意味にもなるが, original from X は明確に出身地を表わす.

Employees typically work **from** Monday through Friday, **from** 8 A.M. to 4 P.M.
従業員は通常月曜日から金曜日まで, 8時から4時まで勤務します.
☞from X through Y = from X to Y「X(時間軸の始点)から Y(時間軸の終点)まで」.

We received a message **from** Mayor Collins.
私たちは Collins 市長からの伝言を受け取った.
☞hear from X, receive X from Y などは「由来」「発信源」を表わす.

People are getting **out of** the building.
人々が建物から出てくる.
☞get out of X「X から出てくる・脱出する」X はある程度スペースがあるものと話し手は捉えている. Get **out**!「出て行け！」のように場所を表わす必要のないときは out のみが用いられる.

We usually go **out** to lunch at 1 P.M.
私たちはたいてい午後1時に昼食に外出する.
☞go out for lunch でも間違いではないが, go out to lunch がより自然.

Don is **out of** the office now.
Don は会社を留守にしている.
☞out of を使ったビジネスで使われる慣用表現はいくつかあるが, be out of the office「オフィスにいまいない」, be out of stock「品切れである」は必須：This item is out of stock.

Exercises

A. 音声を聴いて，空所を埋めてください.

♬077

1) (　　　　) are you (　　　　　)?—I'm (　　　　) Norway.

2) The store is open (　　　) 8 A.M. (　　　)10 P.M.

3) The man is (　　　) (　　　) (　　　　) the window.

B. 空所にあてはまる語句を選び，英文を完成させてください.

♬078

4) Beth is out of ------- now.
  (A) lunch
  (B) stock
  (C) the seat
  (D) the office

5) Michelle always goes out ------- lunch at noon.
  (A) with
  (B) of
  (C) to
  (D) from

6) Karl is originally ------- Michigan, so he knows well about this area.
  (A) from
  (B) out of
  (C) through
  (D) in front of

#27 by / until (till)

by と until/till は似て感じられるかもしれませんが by X が未来のある時点「X までに」動作や出来事が行われることを表わすのに対して, until/till X は状況や状態がある時点「X まで」継続していくことを表わします. by は他にも方法や動作の主体, 場所を表わす用法があります.

♫079

I have to finish this report by Friday.
金曜日までにこの報告書を終えないといけない.
☞by X は「X(ある1時点)までには」という期限を表わす. *by S＋V＋…は不可なので It will be dark **before/by the time** we arrive there.「私たちがそこに着くまでには暗くなっているだろう」のうように＜before S＋V＋…＞, ＜by the time S＋V＋…＞を使う.

Melody goes to work by bus.
Melody は職場までバスで行く.
☞by X 「X(交通手段)を利用して」

This book was written by a famous doctor.
この本は有名なお医者さんによって書かれた.
☞A famous doctor wrote this book.という＜X＋動詞＋Y＞の文を＜Y＋be＋-ed/en＋by X＞にした「Y(行為の受け手)は X(行為者)によって…された」という受け身の文にしたもの.

A lady is standing by the pole.
1 人の女性が柱のそばに立っている.
☞by X 「X(もの)のそばに」という近接を表わす.

Bree is staying in Tokyo until the end of August.
Bree は8月の終わりまで東京にいる予定だ.
☞until X「X(ある1時点)まで」という継続を表わす. … **till** the end of August.でも同じ意味だが口語的になる. 継続している時間を表わすときは, Bree is staying in Tokyo **for** two weeks.のうように＜for＋時間＞を使う.

I'll be at work until I finish this report.
この報告書が終わるまで職場にいる.
☞＜until S＋V＋…＞ 1つ上と同じある時点までの継続を表わす. We should wait **till** Peter comes back.「ピーターが戻ってくるまで待っていたほうがいい」のように＜till S＋V＋…＞も可能.

There are only 25 days till the Olympics!
オリンピックまでわずか 25 日となりました！
☞この場合, until/till の代わりに to も使うことができる.

Exercises

A. 音声を聴いて，空所を埋めてください．

1) Mr. Hayashi will be back (   ) next Friday.

2) We're not open (   ) next Thursday.

3) Roger told his secretary to wait (   ) he comes back.

B. 空所にあてはまる語句を選び，英文を完成させてください．

4) Jennifer worked on the document ------- 9 P.M.
   (A)   by
   (B)   until
   (C)   out of
   (D)   on

5) Mr. Cho told his assistant to send him the information -------
Thursday.
   (A)   by
   (B)   until
   (C)   between
   (D)   at

6) Our products are used ------- many people.
   (A)   from
   (B)   by
   (C)   with
   (D)   on

#28 up / above / over

いずれも「上」の意味が核にある単語ですが, どのような状態なのかによって使い分けが生じます.
up は運動の方向が上へと働いているとき, above は対象物よりも相対的に見て上にある状態,
over は真上に位置していることや何かをおおっている状態を表します.

♫082

Please look **up**.
上を見てください.
☞up は上への動きを表わす.

Prices went **up**.
物価が上がった.
☞物理的な上ではなくて, 比喩的な価格の上昇を表わす.

Meg's apartment is just **above** a convenience store.
Meg のアパートはコンビニの上にある.
☞above X は「X より上部に位置する」ことを意味する.

See **above**.
上記参照.
☞後ろに名詞をともなわない副詞としての above.

This car costs **over** one million yen.
この車は100万円以上する.
☞over X = more than X「X より上の」「X を越えた」を意味する.

Jessica cleaned her apartment **over** the weekend.
Jessica は週末ずっと自分のアパートを掃除していた.
☞over X（時間）は「X にわたって」という意味.

The meeting is **over**.
会議は終わりました.
☞be over「終了する」

Can you come **over**?
こちらに着てくれませんか.
☞この over は問題にしている地点に向かってくる動きを表わす.

Exercises

A. 音声を聴いて，空所を埋めてください.

♪083

1) Jenny stood (   ) and walked to the door.

2) Can you come (   )?

3) There was a clock (   ) the windows.

4) The meeting with S & T Company is (   ).

B. 空所にあてはまる語句を選び，英文を完成させてください.

♪084

5) Our profits went ------- last quarter.
   (A)   above
   (B)   over
   (C)   up
   (D)   out

6) Some guests stayed ------- the weekend.
   (A)   above
   (B)   over
   (C)   up
   (D)   by

7) ------- 50 people came to Mr. Hauser's workshop.
   (A)   Above
   (B)   Up
   (C)   Over
   (D)   More

#29 down / below / under

いずれも「下」を意味する語ですが, #28 up / above / over の対義語として理解しておく必要があります. down は下への動きを表わし(up ↔ down), below は対象物よりも相対的に見て下にある状態(above ↔ below), under は真下にある状態や影響を受けている状態を表わします(over ↔ under).

♪085

Rich put some boxes **down** on the floor.
Rich は床にいくつかの箱を下ろした.
☞put X down「X を下ろす・下げる」 down は下への動きを表わす.

Go **down** this street and turn right at the second traffic light.
この道を進んで, 2番目の信号を右に曲がるんだ.
☞この down が厳密にいまより低い場所や南の方角の移動になるとは限らないが, 現在いる場所から離れていく動きのときによく使われる.

Could you turn the volume **down**?
音を小さくしていただけますか.
☞turn X down「X の音を下げる」 比喩的な「下げる」.

Electricity prices went **down**.
電気代が下がった.
☞ go up ↔ go under

We live in an apartment **below** Lisa's.
私たちは Lisa のアパートの下に住んでいる.
☞below は「X より下に」を表わす.

See the chart **below**.
下のチャートを見よ.
☞*the below chart とは言わない.

There's a river **under** the bridge.
橋の下を川が流れている.
☞under X「X の下に」 X はある程度スペースがあるもの.

Children **under** 5 can get in the theater for free.
5歳未満の子供は無料で劇場に入ることができる.
☞under X = less than X「X より下の」

Exercises

A. 音声を聴いて，空所を埋めてください．

♪086

1) A river is (　　　　) the bridge.

2) Turn the volume (　　　　)!

3) We could see the street (　　　　).

B. 空所にあてはまる語句を選び，英文を完成させてください．

♪087

4) People ------- 21 are not allowed to drink alcohol in the United States.
   (A)　below
   (B)　under
   (C)　with
   (D)　down

5) Chris decided to live in the apartment ------- Richard's.
   (A)　below
   (B)　on
   (C)　with
   (D)　down

6) The woman put a few boxes ------- on the floor and went back to the storage room again.
   (A)　below
   (B)　under
   (C)　around
   (D)　down

#30 to / for

to は時間や場所などの到達点を表わし, for は動作の向かっている対象を表わします.

♬088

Wes is flying **to** Vancouver tomorrow.
Wes は明日飛行機に乗って Vancouver に行く.
☞to は移動後の到達地点を表わす.

Take the train **for** London.
London 行きの列車に乗ってください.
☞for は「目的地」「進む方向」を表わす.

I work from 9 A.M. **to** 5 P.M.
私は午前9時から午後5時まで働きます.
☞時間的な到達地点を表わす. = I work between 9 A.M. and 5 P.M. It's five to ten. = It is five before ten.「10時5分前です」という使い方も覚えて置く必要がある.

The meeting is scheduled **for** Friday.
会議は金曜日に予定されています.
☞予定されている時間の前にくる日付や時間帯の前にくる for.

How long have you worked here? —**For** seven years.
どれくらいの期間ここで働いていますか？—7年間です.
☞期間を表わす for. Linda has lived in Odawara **for** more than fifteen years.のように＜have + -ed/en＞と一緒に使われることが多い.

Ms. Takahashi spoke **to** the audience.
高橋さんは聴衆に話しかけた.
☞speak to X「X と話す」

We gave a small gift **to** Madeline.
私たちはちょっとした贈り物を Madeline にあげた.
☞give X to Y = give Y X「Y を X にあげる」

Darin is buying a gift **for** his wife.
Darin は奥さんのために贈り物を買っている.
☞buy X for Y = buy Y X「Y のために X を買う」

Exercises

A. 音声を聴いて，空所を埋めてください.

♫089

1) Roger has lived in Korea (　　　　) more than fifteen years.—
   Aha, that's why he's good at Korean.

2) How can I (　　　) (　　　　) Machida?—(　　　　) the train
   (　　　) Odawara.

3) Are you (　　　) a gift (　　　　) your girlfriend?—Yes, I'll
   have to (　　　) something (　　　) her.

B. 空所にあてはまる語句を選び，英文を完成させてください.

♫090

4) The next sales meeting is scheduled ------- Friday.
   (A) to
   (B) from
   (C) for
   (D) in

5) Wayne is flying ------- New York on Thursday.
   (A) for
   (B) toward
   (C) to
   (D) into

6) Laura phoned Ms. Yamada's office to speak ------- her.
   (A) for
   (B) between
   (C) on
   (D) to

67

#31 with / together

「一緒に」を表わす with と together ですが，with が with <u>some</u> friends のように必ず＜with＋人・もの・こと＞で使われるのに対して，together は work together のように単独で使います．また，with には他のさまざまな用法があります．

♫091

Sara is going to Spain **with** her family.
Sara は家族とスペインに行く．
☞with X「X と一緒に」 これが第1語義．

We are looking for people **with** excellent IT skills.
私たちはすぐれた IT スキルをもつ人々を探している．
☞1つ上の例文とほぼ同じ意味だが，with excellent IT skills というカタマリは前の people がどのような人々を説明している．

Peter Nichols always brings his own lunch **with** him.
Peter Nichols はいつも昼食の弁当をもってくる．
☞with X「X を携帯して」 Sara has a lot of money.だとお金を銀行なり自宅にたくさんもっているかもしれないが，Sara has a lot of money **with** her.だと手元にもっていることになる．

You can order your tickets **with** my smartphone.
切符の申し込みを私のスマートフォンでしてもいいですよ．
☞with X「X を道具として使って」．

Let's walk **together** to the station.
駅まで一緒に歩いて行こう．
☞together は with とほぼ同じ意味だが，with が I'll walk **with** you to the station.「駅まで君と一緒に歩いていくよ」のように，後ろに人やもの・ことを伴なうのに対して単独で「一緒に」という意味を表わすのが特徴．

Laura put all the documents **together** in one file.
すべての書類をすべて1つのファイルにまとめた．
☞put X together「X をまとめる」

Exercises

A. 音声を聴いて，空所を埋めてください.

♬092

1) This work is not so tough for people (   ) basic computer knowledge.

2) Gayla and Eric have (   ) (   ) since 2015.

3) Players all (   ) (   ).

B. 空所にあてはまる語句を選び，英文を完成させてください.

♬093

4) Mindy has decided to put all the documents ------- in one file.
    (A)   within
    (B)   for
    (C)   with
    (D)   together

5) Mr. Murray is always carrying his own computer ------- him.
    (A)   for
    (B)   about
    (C)   with
    (D)   together

6) Ms. Reinhard checked her schedule for next week ------- her smartphone.
    (A)   in
    (B)   by
    (C)   to
    (D)   with

#32 around / about

どちらも「およそ」を表わすことのある about と around ですが, about には「周囲」, around には「まわりをぐるりと」という核になるイメージがあり, 時間や場所を表わすときに使われます.

♪094

A few people are **around** the table.
何人かの人々がテーブルの周りにいる.
☞around X「X の周りに」

This presentation is **about** technology.
この発表はテクノロジーについてです.
☞about X「X について」

Todd dropped by the office at **around** eleven o'clock.
Todd はオフィスに11時ごろ立ち寄った.
☞あいまいな時刻を示すときは本来 around X「X ごろ」を使うのだが, 日本語の「ごろ」「ぐらい」の混用と同じで, ネイティヴを含めて about eleven o'clock と用いる人はたくさんいる.

About one hundred people came to Charlotte's concert.
およそ100名の人々が Charlotte のコンサートに来た.
☞あいまいな数値を表わすときは about X = approximately X「X ぐらい」を使う.

We are **about** to leave.
いま出発するところだ.
☞be about to *do*「…するところである」はよく使われる表現.

How/What **about** getting a new printer?—Sounds like a good idea.
新しいプリンターを購入するのはどうかな?—それは良い考えだね.
☞How/What about *doing*/X?「…するの・X はどうですか」という提案を表わす表現.

Exercises

A. 音声を聴いて，空所を埋めてください.

♫095

1) How much time is left?—(   ) (   )minutes.

2) (   ) (   ) (   ) to the mall?—That's a good idea.

3) Is there any place to (   ) (   ) (   ) ?

　—Yeah, I recommend the Italian restaurant on the corner.

B. 語句を並び替えて，英文を完成させてください.

♫096

4) [technology / Heidi / a presentation / about / gave].

5) [around / people / are / a few / the piano].

6) [to leave / Wayne / I think / about / is].

7) [eleven o'clock / at around / came / Stacy / to the office].

#33 so vs. because

ともに因果関係を表わしますが, so が＜原因, so 結果＞という使い方をするのに対して, because は＜結果 because 原因＞または＜Because 原因, 結果＞という使い方をします. Megumi is **so** (= very) kind. / Do you think Matt is coming?——I think **so**. 他, 覚えるべき用法がたくさんあるので以下で確認しましょう.

♪097

Nobody believes James **because** he lies very often.
しょっちゅう嘘をつくので James のことは誰も信じない.
☞because の後に続く部分が理由を表わす. = **Because** James lies very often, nobody believes him.

The concert was canceled **because** of the rain.
雨のためにコンサートは中止になった.
☞because of X 「X が理由で」

Why did you miss the meeting this morning?——**Because** the train was delayed.
なぜけさ会議に来なかったのですか?——電車が遅れたからです.
☞＜Why?——Because S＋V＋....＞は会話ではよく使われるが, 書き言葉では I miss the meeting this morning **because** the train was delayed. のようにしないといけない.

James lies very often, **so** nobody believes him.
しょっちゅう嘘をつくので James のことは誰も信じない.
☞so の後に続く部分が結果を表わす.

Megumi is **so** kind that all her colleagues like her.
Megumi はとても親切なので同僚みんなが彼女のことが好きだ.
☞so ~ that ... 「あまりに~なので…」 この文構造を使って上の「James は嘘つき」の文を書き換えると, James lies **so** often **that** nobody believes James.となる.

Use clear language **so** (that) everyone can understand you.
みんながわかるような明確な言葉遣いをしなさい.
☞so that ... 「…であるように」 上の so ~ that ...と区別すること.

Eric is a YouTuber.——**So** am I.
Eric はユーチューバーです. ——私もです.
☞＜S＋be/does/did/...＋X＞= X too. I missed the event.——**So** did I.「その行事は出られませんでした」「私もです」

Exercises

A. 音声を聴いて，空所を埋めてください．

1) I can't help you now (　　　　) I am (　　　　) busy.

2) Please come to the front (　　　　) (　　　　) you can hear me clearly.

3) Kim is very rude, (　　　　) nobody likes her.

B. 空所にあてはまる語句を選び，英文を完成させてください．

4) The owner loves rock music, ------- the café has live music every Saturday.
   (A) that
   (B) because
   (C) so
   (D) of

5) The train stopped because ------- a mechanical problem.
   (A) with
   (B) for
   (C) from
   (D) of

6) Everybody moved closer to the stage so ------- they could see the singer clearly.
   (A) then
   (B) too
   (C) that
   (D) and

7) Kay was ------- sick that she could not attend the sales meeting.
   (A) so
   (B) very
   (C) too
   (D) as

#34 but / although / though / however

これらの語は2つの内容が反対の意味を表わすときに使われますが, 文中のどの位置で用いることができるのかそれぞれ違うために, しっかりとマスターしておく必要があります.

♪100

More and more Americans use trains, **but** the majority of Americans still commute by car.
だんだん多くのアメリカ人が電車を使うようになっているものの, アメリカ人の大多数はいまだに車を使っている.
☞but は意味上逆のことを述べている2つのセンテンスの真ん中にはさんで, 1つにつなげます.

Although more and more Americans use trains, most people in America still drive to work.
☞although は直後にくる文が, もう1つの文にかかるように働きます. ＜Although S＋V＋..., S＋V＋...＞と＜S＋V＋... although S＋V＋...＞のどちらも可能です. だから, この文は Most people in America still drive to work **although** more and more Americans use trains.と書き換えることができます.

More and more Americans use trains. **However**, the majority of Americans still commute by car.
☞however は意味上, 前のセンテンスとのつながりを示しますが, 2つのセンテンスを文法的につなぐことはしません. また, The majority of Americans, **however**, still commute by car.や The majority of Americans still commute by car, **however** のように位置を移動できます.

More and more Americans use trains. The majority of Americans still commute by car, **though**.
☞though は although とまったく同じ使い方もできますが, 上のようにセンテンスの一番後ろにもってくる使い方が特徴的です. however より少しくだけたニュアンスがあります.

Despite [= In spite of] our objections, Valerie insisted on leaving the company.
私たちの反対にもかかわらず, Valerie は会社を辞めると言ってきかなかった.
☞despite X = in spite of X「X にかからわず」 X は名詞のカタマリ.

Exercises

♪101

A. 音声を聴いて，空所を埋めてください．

1) We worked very hard, (   ) our sales results were not good enough.

2) Pam has a lot of work experience (   ) she is still young.

3) Mr. Cho is likely to be our next president. I think Mr. Barnes is a better candidate, (   ) .

4) This car is very old. It, (   ) , runs quite well.

B. 空所にあてはまる語句を選び，英文を完成させてください．

♪102

5) ------- the concert was over, a lot of people still remained in their seats.
   (A) Although
   (B) But
   (C) Despite
   (D) However

6) Michelle's Café does not attract many customers ------- its reasonable prices.
   (A) because of
   (B) despite
   (C) in spite
   (D) but

7) I & S Co. is a Thai company, ------- its products sell well in Italy.
   (A) however
   (B) despite
   (C) but
   (D) so

#35 a / the

a/an はたくさんある中の「ひとつの」, the は「その」と続くことばが何か特定できることを示します.
そこから派生して the は形容詞の最上級に使用されることもあります.

♫ 103

I have **a** car. I drive it to work every morning.
車を1台所有している. それに乗って毎朝通勤する.
☞a = any one of, 聞き手と話し手が共有していない1つの数えられる名詞に使われる.

We hold a meeting twice **a** week.
私たちは会議を週に2度開く.
☞この a = per「〜につき」と考えてもいい.

P. J. Nichols is **a** very famous writer.
P. J. Nichols は有名な作家です.
☞a very famous writer の＜限定詞＋副詞＋形容詞＋名詞＞という語順に注意.

Look at **the** red-haired guy over there. He's so cute.
あそこにいる赤毛の男の人を見て. 彼すごくキュートだわ.
☞文脈上特定されるものには the を使う.

The office staff here are all very friendly.
ここにいる従業員スタッフはみんなとても愛想が良い.
☞ここでの staff は複数の人をさす. *＜a＋名詞の複数形＞は使えないが, ＜the＋名詞の複数形＞は可能.

Jim is **the** oldest of the three people.
Jim はその3人の中で最も年上である.
☞形容詞の最上級を表わす -est 形の前には the をつける. 音節の長い語のときは Megan is **the** most fashionable lady in the team.のように the most を使う.

Of all **the** four seasons, I like summer best.
四季のなかで夏が一番好きです.
☞副詞の場合は the はつけてもつけなくてもよい. ..., I like summer **the** best/most.とも表現することができる.

Exercises

A. 音声を聴いて，空所を埋めてください.

♫104

1) Sarah is (   ) (   ) of the three people.

2) Gayla is (   ) (   ) (   ) dancer.

3) Look at (   ) girl over there. She's so beautiful.

B. 空所にあてはまる語句を選び，英文を完成させてください.

♫105

4) ------- office staff here are all very friendly.
  (A)   The
  (B)   An
  (C)   A
  (D)   Some

5) We hold a meeting twice ------- month.
  (A)   the
  (B)   an
  (C)   a
  (D)   some

6) Rich has ------- car. He drives it to work every morning.
  (A)   the
  (B)   an
  (C)   a
  (D)   some

#36 some / any

some は「いくつか」「いくらか」のように漠然とした量をさし，any は「どんなものでも」という選択の
自由を表わすニュアンスがあります．

♪106

I need to get **some** sleep.
少し眠らないと．
☞＜some＋数えられない名詞＞での some は漠然とした量を表わす．

Chris asked the speaker **some** questions.
Chris は講演者にいくつかの質問をした．
☞＜some＋数えられない名詞の複数形＞での some は漠然とした数を表わす．

Melody gave me **some** good advice.
Melody は良いアドバイスしてくれました．
☞＜限定詞＋形容詞＋名詞＞のカタマリ．advice は数えられない．どうしても数に言及したけれ
ば three pieces of advice とするか，three suggestions とする．

Do you have **any** questions?
何か質問はありますか．
☞口語では Any questions?のように言う．any は「どんなものでも」というニュアンスがあり，全体
の中の部分を表わす some はここでは使えない．

I don't have **any** money.
お金が全然ない．
☞これは「どんなお金ももっていない」ということで= I have no money.と同じ意味．ここでも some
は使うとおかしい．

Do you want **some** coffee?
コーヒーは要りませんか．
☞上記のように any / some の使い分けは語のもつニュアンスによるもので，「ある程度の量のコ
ーヒー」をさす場合はこのように some を使う．ここで any を使うと「どんなコーヒーでも」というニュ
アンスになり不自然．

You can visit us **any** day next week.
来週ならいつでも弊社にいらっしゃって構いませんよ．
☞「どの日でも」というニュアンスであれば any を使える．逆に，You can visit us **some** time/day
next week.だと「来週のどこかで」というようなニュアンスになる．

78

Exercises

A. 音声を聴いて，空所を埋めてください.

♬107

1) Annie does not have (　　　　) (　　　　). She is very poor.

2) I asked Charles (　　　　) (　　　　).

3) Do you want (　　　　) (　　　　)?—Yes, please.

B. 空所にあてはまる語句を選び，英文を完成させてください.

♬108

4) ------- water is left in the pot.
   (A)   The
   (B)   A
   (C)   Some
   (D)   Any

5) Rich often gives Kevin -------.
   (A)   a good advice
   (B)   any advices
   (C)   good some advice
   (D)   some good advice

6) Todd was very tired, so he decided to get ------- sleep.
   (A)   any
   (B)   some
   (C)   a
   (D)   the

#37 this / that / it

this, that は、物理的な距離を表わすだけでなく, 心理的に近いものや遠いものにも用います. this には「自分の領域内での主観である」, that には「領域内ではない他人の客観的なものである」というニュアンスが含まれます. it「それ」はもっとも中立な語で, 単に前 (ときに後ろ) の内容を引き継ぐだけで特に焦点を当てることもなく強意的な響きはありません.

♪109

Jason, **this** is my wife Wendy.
Jason, 妻の Wendy だよ.
☞紹介の決まり文句. 目の前にいる人やものを指し示すときに this is ~を使う.

You should read **this** book. It's interesting.
この本を読んだ方がいいよ. 面白いよ.
☞＜this＋名詞＞で近くにあるものや人を表わす. this book のように一度話題にしたものは it で受けることができる.

Who is that girl by the door? —**That**'s my younger sister.
ドアのそばにいる女の子は誰？—妹だよ.
☞少し遠くの人・ものをさすときには this ではなく that を使う.

How about taking a break? —**That**'s a good idea.
休憩をとるのはどう？—それは良い考えだね.
☞相手がいま言ったことを指すのには that を使う.

I hope **that** a lot of people will come to this event.
多くの人がこのイベントに来ることに期待している.
☞that の後ろにセンテンスをとって「～ということ」という名詞のカタマリを作る.

It is strange that Mary did not contact us.
Mary が私たちに連絡をしなかったのは奇妙だ.
☞It = that Mary did not contact us. That Mary did not contact us is strange.とするとかっこ悪いのでそういうときはセンテンスの頭に it を代わりに置く.

It's always difficult to *learn* a new skill.
新しいスキルを学ぶのはいつも難しい.
☞To *learn* a new skill is always difficult.という意味だが, 普通 to *do* はセンテンスの頭におかず, it を代わりに置く. In Japan, it isn't easy for women with children to *stay* in the workforce.「日本では子供をもつ女性が職場に残るのは容易ではない」のように＜It is ... for X to *do*＞で「X が …するのは～である」と to *do* の動作の主体を表わすことができる.

80

Exercises

A. 音声を聴いて，空所を埋めてください.

♫110

1) Who is (　　　　) (　　　　　　　) by the door?—She's my new boss.

2) Whose umbrella is (　　　　　)?— (　　　　　) Kevin's.

3) (　　　　　) is sad (　　　　　　) the Chinese restaurant on 7th Street will close.

B. 空所にあてはまる語句を選び，英文を完成させてください.

♫111

4) ------- is difficult to learn a foreign language.
 (A)　She
 (B)　This
 (C)　That
 (D)　It

5) Stacy believes ------- a lot of people will come to her concert.
 (A)　it
 (B)　this
 (C)　that
 (D)　and

6) You should watch Christopher Nolan's new movie. ------- is very interesting.
 (A)　This
 (B)　That
 (C)　It
 (D)　He

#38 all / every / each

all と every はともに「全て」を表わしますが, そのとらえ方に違いがあります. all は後に続くことばが「まとまって1つの」カタマリかたまりになるニュアンスがあるのに対し, every は後に続く言葉が「それぞれ (がみんな同じことをする)」というようなニュアンスがあります. each も「それぞれ」ですが,「みんな」のニュアンスがありません.

♪112

Madeline knows **every** member at our Copenhagen office.
Madeline はコペンハーゲン支社のすべてのスタッフと知り合いである.
☞＜every＋単数形の数えられる名詞＞で「それぞれの X」という意味になる.

Rich works **every** day.
Rich は毎日働く.
☞＜every＋時間表現＞だと「X ごと」という意味. 強調したいときは every single day のように言うこともある.

Mr. Nagai visits the Paris office **every** three months.
Nagai さんはパリ支社を3ヶ月おきに訪れる.
☞＜every＋複数形＞. three months が話し手にはカタマリと捉えていうことに注意.

Rich works **all** day.
Rich は1日中働く.
☞＜all ＋名詞＞で「X 全体」を表わす. all day = throughout the entire day

All my coworkers speak English.
私の同僚はみんな英語を話す.
☞＜all ＋ 他の限定詞＋名詞＞の語順に注意. ほぼ同じ内容で every を使うと, Every coworker of mine speaks English.のようになる.

My coworkers are **all** American.
私の同僚はみんなアメリカ人だ.
☞この all は副詞. 限定詞の all は **All** my coworkers are Americans.のように使う.

Keith gave a handout to **each** person.
Keith は1人ひとりに資料を配った.
☞ここでは each = every

These products are 10 dollars **each**.
この製品は各10ドルです.
☞このように文末にくる用法は every にはない.

Exercises

A. 音声を聴いて，空所を埋めてください.

1) Soji goes to Finland (　　　) (　　　) (　　　).

2) Catherine gave a handout (　　　) (　　　) (　　　).

3) Today, I worked (　　　) (　　　), so I am very tired.

B. 空所にあてはまる語句を選び，英文を完成させてください.

♫114

4) These products are 10 dollars -------.
   (A)   each
   (B)   all
   (C)   every
   (D)   some

5) ------- speak English.
   (A)   All my coworker
   (B)   Every coworker of mine
   (C)   Every coworker
   (D)   All my coworkers

6) Roger's coworkers are ------- Canadian.
   (A)   every
   (B)   all
   (C)   each
   (D)   all of

#39 many / much / a lot of

「多い」という意味を表わすことばとして many, much, a lot of がありますが, 後に続く名詞によって使い方が異なります. many は人や車など数えられる名詞に使われます. 水や雨など数えられない名の前には much はつけます. a lot of はどちらにも使用することがでますが, 口語的なニュアンスがあります.

♫115

A lot of people are complaining about the player's performance these days.
多くの人が最近のその選手のパフォーマンスについて不満を述べている.
☞＜a lot of＋数えられる名詞の複数形＞

A lot of food is left on the table.
たくさんの食べ物がテーブルの上に置かれている.
☞＜a lot of＋数えられない名詞＞

We don't have **many** options.
私たちにはあまり選択肢はない.
☞＜many＋数えられる名詞の複数形＞. 話し言葉では many は否定の語句とともに使われることが多く, それ以外は a lot of の方が頻繁に使われる.

Let's go now. We don't have **much** time.
さあ行こう. もうあまり時間がない.
☞＜much＋数えられない名詞＞. 話し言葉では much は否定の語句とともに使われることが多く, それ以外は a lot of の方が頻繁に使われる. Much food is left on the table.は文法的には正しいが, A lot of ...とするほうが自然.

You've helped me **a lot**.
いろいろ世話になったね.
☞a lot だけだと「たくさん」という量を表わす. この場合は many は使えず, much はやや不自然. You've helped me many times.「あなたは幾度となく助けてくれた」のようにいうのは可能.

I don't like him (very) **much**.
あいつのことはあまり好きじゃないんだ.
☞否定の語句が使われているときは much を文末で使うのは自然.

Many specialists agree with Ms. Tsuchiya's idea.
多くの専門家が Tsuchiya さんの考えに同意している.
☞書き言葉ややや硬い内容のときは many を肯定文で使っても問題ない.

Exercises

♫116

A. 音声を聴いて, 空所を埋めてください.

1) There were (　　　　) (　　　　) (　　　　) (　　　　) at the event.

2) We don't have (　　　　) (　　　　).

3) There is not (　　　　) (　　　　). We've got to hurry up!

B. 空所にあてはまる語句を選び, 英文を完成させてください.

♫117

4) There were too ------- people at the event.
   (A) a lot
   (B) much
   (C) many
   (D) a lot of

5) ------- agree with Ms. Tsuchiya's opinion.
   (A) A lot of people
   (B) Much people
   (C) Many person
   (D) Much

6) Aaron does not like his boss very ----.
   (A) a lot
   (B) much
   (C) many
   (D) good

#40 (a) little / (a) few

ともに「少し」という意味ですが，a little は数えられない名詞の前につき，「多くはないがある程度の量があること」を表わします．a few は「多くはないがある程度の数がある」ということを意味します．few, little のように a をつけないと「ほとんどない」数や量を表わします．

♫118

Little chance is left.
ほとんどチャンスは残されていない．
☞＜little＋数えられない名詞＞で「ほとんどない X」という否定的なニュアンス，＜a little＋数えられない名詞＞だと「少しの X」と肯定的．**A little** chance is left.だと「少しチャンスが残っている」．

We know **little** about our new president.
わたしたちは新社長についてほとんど何も知らない．
☞ (a) little は少しのもの・ことを表わす．We know **a little** about our new president.「新社長について少し知っている」で肯定的なニュアンスになるのは同じ．

How's it going?—Just okay, but I'm just a **little** tired.
調子はどう．—まずまずだけど，ちょっと疲れているの．
☞前から形容詞にかかることもできる．a little = slightly

Few people know our company.
ほとんどの人はわたしたちの会社を知らない．
☞＜few＋数えられる名詞＞で少数の人・もの・ことを表わす．否定的なニュアンス．

I talked with **a few** people at the party.
パーティーで何人かの人と話した．
☞＜a few＋数えられる名詞＞だと肯定的なニュアンス．

The restaurant has a lot of dishes for vegetarians, and **a few** are great.
そのレストランはたくさんのベジタリアン用の料理があるが，いくつかは非常に良い．
☞単独で代名詞として「少数の人・もの・こと」として使える．

I have seen **a few** of his movies.
彼の映画を何本か見たことがある．
☞＜a few of＋限定詞＋名詞の複数形＞で「X のいくつか」という用法もある．

Exercises

A. 音声を聴いて，空所を埋めてください．

♫ 119

1) I (   ) (   ) money. I can't buy anything.

2) Let's go shopping.—Cool, I've got (   ) (   ) money today.

3) Did you talk to anybody at the party?—Just (   ) (   ). Hitomi, Namie, and …

B. 空所にあてはまる語句を選び，英文を完成させてください．

♫ 120

4) My wife is ------- angry because I ate her cake in the fridge.
   (A) little
   (B) a little
   (C) few
   (D) a few

5) Peter and Andrew went to the same high school, so Peter knows -------- about Andrew.
   (A) little
   (B) a little
   (C) few
   (D) a few

6) Warrensburg is a very small town, so ------- people know about it.
   (A) little
   (B) a little
   (C) few
   (D) a few

#41 not / never / no

否定を表現するときは基本的には not を使います. 動詞が be のときは後ろに not をつけるだけですが, それ以外の動詞のときは do/does/did/...を必要とします. never は未経験や強い否定を表わします. no は **no** money のように＜no＋名詞＞の形で使います.

♫121

Andrew does not speak Chinese.
Andrew は中国語を話さない.
☞動詞で表わされるアクションを否定するときは＜do/does/did＋not＋動詞の原形＞にする.

I don't have enough money.
私には十分なお金がない.
☞話し言葉では通常 do not → don't, does not → doesn't, did not→ didn't のように省略形を使う.

What Andrew says is always not true.
Andrew のいうことはいつも本当のことではない.
☞この not は is true を否定している.

What Andrew says is not always true.
Andrew のいうことはいつも本当というわけではない.
☞この not は always を否定しているので, 「だいたい本当のことをいうけれども, うそをいうこともある」という意味.

I have no money with me today.
今日は手元にお金がない.
☞no は名詞の前に置かれます. I don't have <u>any</u> money with me today.と not ~ any を使って言い換えることもできますが, I have **no** money ...の方が普通.

Yosuke never eats raw fish.
Yosuke は生魚を決して食べない.
☞not とは違い, 否定の文をつくるのに do/does/did という語を必要としない.

We will never forget you.
私たちはあなたを決して忘れない.
☞never は否定が強調されたニュアンスがある.

Exercises

A. 音声を聴いて，空所を埋めてください．

♫122

1) Can we talk about it later? I have (　　　　) (　　　　) now.

2) Janice Warsaw is very rude and mean. Also, she (　　　　) (　　　　) admit her mistakes. All of us (　　　　) (　　　　) like her personality.

B. 空所にあてはまる語句を選び，英文を完成させてください．

♫123

3) Roger -------- been to Japan.
- (A) has no
- (B) has never
- (C) did not have
- (D) never has

4) Since Karl is a vegetarian, he -------- eats meat.
- (A) not
- (B) never
- (C) no
- (D) always

5) We -------- any information about Ms. Sato's fiancé.
- (A) have no
- (B) is not have
- (C) have never
- (D) do not have

#42 that / which

that, which には名詞（のカタマリ）に説明を加える働きがありますが, 用法には違いがあります. that...は人・もの・ことのいずれにも続きセンテンスとの構成要素として必要な名詞のカタマリを作るのに対し, which は人に使うことはできず, 追加情報を表わすときにも使うことができます.

♪124

This actor looks like a guy **that** I used to date.
この俳優は前つきあっていた男と似ている.
☞that I used to date が a guy に説明を加えている. that の代わりに who を使うこともできる. また a guy I used to date と何もつけなくてもよい.

Cathy works for a company **that** creates TV commercials.
Cathy は TV コマーシャルの制作会社で働いている.
☞ a company がどのような会社という説明の部分が that creates TV commercials. a company which creates ...としてもよい.

The fact **that** Laura won an award would not change.
Laura が賞をとったという事実は変えようがない.
☞a company that creates TV commercials だと a company that を取り除いた部分はセンテンスとして成立しないが, 上記の場合 The fact that のあとの Laura won an award はセンテンスとして成立する. この働きは which にはない.

I don't like this song, **which** Mr. Akimoto made.
この歌は好きではない. Akimoto さんがつくったのだが.
☞, which = , and it と考えればよい. 説明をあとで補足している. この, which を*, that で置き換えることはできない. I don't like songs that Mr. Akimoto makes.「Akimoto さんがつくった歌はすべて好きじゃない」とは意味が違うことに注意.

I don't know **which** way to go.
どちらの道に行ったらよいのかわからない.
☞which X「どちらの X」

Which do you like better, coffee or tea?
コーヒーと紅茶, どちらがいいですか？
☞2つの選択肢を与えて聞く疑問文. 3つ以上の場合も, Which would you like, a hamburger, a rice ball, or a croissant?のように尋ねることが可能.

Exercises

A. 音声を聴いて, 空所を埋めてください.

♫125

1) This is the woman (　　　　　) I was talking about.

2) Charles gave me the book (　　　　　) he wrote.

3) On Saturday I saw a movie, (　　　　　) was really boring.

4) (　　　　) (　　　　　) (　　　　　　) you like best?—I think Mr. Collins is the best.

5) I don't know the name of the girl (　　　　) Rob is talking with.

6) People (　　　　　) I worked with always helped me.

B. 空所にあてはまる語句を選び, 英文を完成させてください.

♫126

7) The restaurant ------- opened on Giles Street last month is always crowded.
   (A) what
   (B) where
   (C) that
   (D) who

8) You should see Martin Scorsese's new movie, ------- will be out next week.
   (A) what
   (B) that
   (C) where
   (D) which

#43 who / whose / whom

who-whose-whom のセンテンス内での働きは he（主語の役割）-his（所有限定詞）-him（目的語の役割）と同じです. ただし, 話し言葉では who を whom に代用されることもあります. 疑問詞と代名詞の使い方があります.

♫127

The store manager is looking for somebody who can work tomorrow.
店長は明日勤務できる人を探している.
☞somebody を who can work tomorrow が限定している. who の代わりに that も可.

People who are interested in music will like this movie.
音楽に興味のある人はこの映画を気にいるだろう.
☞who are interested in music が People を限定している. やや不自然だが People that are interested in …としても文法的には間違いではない.

Who is your boss now?—Sarah, can you believe that?
いま誰があなたの上司なの—Sarah なんだ. 信じられる？
☞Who ではじまる疑問文.

We have three engineers, all of whom graduated from the University of Chicago.
我が社には 3 人のエンジニアがいるが, その 3 人ともシカゴ大学を卒業している.
☞We have three engineers. All of them … なのでこのようなときは whom を使う. ただし, I hate him.だからといって This is the man whom I hate.とはあまり言わない. This is the man (who/that) I hate.が普通.

With whom, are you working on the project?—Joe.
誰とそのプロジェクトを進めているの？—Joe とだよ.
☞普通は Who are you working on the project with?のようにいうが, 強調したい場合 with whom を文頭に出す. I am dating him/her.だから Whom are you dating?とするべきだという人もいるが, 現代英語では Who are you dating?が普通.

Albert married a woman whose father owns a big company.
Albert は父親が大会社を所有しているという女性と結婚した.
☞この whose は「その人」という意味で, whose … company が a woman にかかる. また, **Whose** umbrella is this?—It's Kevin's.「これは誰の傘ですか？」「Kevin のです」という疑問文をつくる用法も覚えておこう.

Exercises

A. 音声を聴いて，空所を埋めてください.

♪128

1) (　　　　) is going to (　　　　) a speech tomorrow?—
Somebody in the marketing department.

2) (　　　　) smartphone is this?—It's Gayla's.

3) Rhonda introduced me to a lot of people, none of (　　　) I
knew.

B. 空所にあてはまる語句を選び，英文を完成させてください.

♪129

4) Sarah Bart, ------- I worked at J &C, Inc., became the president
of Red Hood Company.
   (A) who
   (B) whom
   (C) whose
   (D) with whom

5) People ------- speak both English and Japanese well should
apply for the position.
   (A) who
   (B) whom
   (C) whose
   (D) with whom

6) This is the company ------- CEO Todd interviewed last month.
   (A) who
   (B) whom
   (C) whose
   (D) with whom

#44 where / when

センテンスの頭で使われる疑問詞としての用法はもちろんですが，Hilary and Bill experienced a period **when** they were not friends . のようなセンテンス内でのカタマリをつくる用法にも注意しましょう.

♫130

Where are you?—I'm right in front of the ticket gate at the station.
いまどこにいるの. —駅の改札の真ん前だよ.
☞場所をたずねる Where.

Do you know **where** the station is?—Yes, it's very close—let me show you.
駅はどこだかご存知ですか. —はい, とても近いので, そこまでご案内しましょう.
☞Do you …で始まっているので, *where is the station という疑問文の語順にはならない. show は実際に一緒に歩いて目的地に案内するので, 言葉で説明するときは tell を使う. I can tell you **where** the station is.「駅かどこか教えられますよ」

This is the town **where** Yurika was born.
ここが Yurika の生まれた町です.
☞be born in the town だが, where は in を吸収する. … the town in which Yurika was born, … the town Yurika was born in と書き換えることもできる.

When are you coming back?—In a few days.
いつ戻ってくるのですか？—数日後です.
☞ときをたずねる when

I don't know **when** the next meeting will be held.
次の会議がいつ開かれるのかわからない.
☞when … held は know という動作の対象. 純粋な疑問文なら **When** will the next meeting be held?となるが, ここでは疑問文の語順をとらない.

Paul made a huge mistake **when** he was in high school.
高校の時, Paul は大きなヘマをやらかした.
☞when … school がときを表わす言葉として Paul … mistake にかかっている. **When** Paul was in high school, he made a huge mistake.と書き換えることもできる.

Let's decide **when** to meet next time.
次にいつ会うのかを決めよう.
☞＜when/where＋to *do*＞「いつ・どこに／で…するのか」. Cassie probably doesn't know **where** to go.

Exercises

A. 音声を聴いて，空所を埋めてください．

1) (　　　　) (　　　　) (　　　　　) live?—(　　　　　) a suburb of Boston.

2) (　　　　) (　　　　) you start (　　　　) at this company?— Seven years (　　　).

3) Do you know (　　　) the (　　　) (　　　　)?—Yes, go straight on this road, and turn left at the second corner.

4) Lisa got lost.—Right. She didn't know (　　　) (　　　) go.

B. 空所にあてはまる語句を選び，英文を完成させてください．

5) Paul earned a lot of money ------- he worked as a consultant.
  (A)　when
  (B)　which
  (C)　where
  (D)　that

6) Everybody wanted to know ------- the next meeting would be held.
  (A)　who
  (B)　when
  (C)　where
  (D)　which

7) This is the town ------- Mr. Yamada grew up.
  (A)　who
  (B)　when
  (C)　where
  (D)　which

#45 what

what は「何」をたずねる疑問詞としての使い方が基本ですが, What she is saying is crazy. / Tell me what to do. のような名詞のカタマリをつくる用法も知っておく必要があります.

♫ 133

What are you looking for?—My employee ID card.
なにを探しているのですか？—社員証です.

☞You are looking for what?であり, 疑問文にするためには What を頭にもってきて, Yes/No 疑問文の順序にする.

What happened?—Hyde was arrested.
何が起きたのですか？—Hyde が捕まったんです.

☞動詞 happen の動作の主体が What なので, こういうときは*What did …のような語順を取らない.

What she suggests is not realistic.
彼女が提案していることは現実的ではない.

☞What she suggests で「彼女が提案すること」を表わす. what = the thing that と考えてもよい.

I didn't understand what Hitomi said.
Hitomi が言っていることが解らなかった.

☞understand という動作の対象が what Hitomi said. このように動詞の後ろにくる場合は know, understand, see など「知る」「理解する」という意味の動詞のことが多い.

You should ask your boss what to do.
上司に何をすべきか尋ねたほうがよい.

☞what to *do*「すべきこと・もの」 I don't know what to *do*.「何をしてよいのかわからない」, I don't know what to *say* (to you).「（あなたに）言う言葉が思いつかない」, what to *wear*「着ていく（べき）もの」など決まり文句が多い.

Exercises

A. 音声を聴いて，空所を埋めてください.

♪134

1) (   ) (   ) does Karl work for?—Q-Leap Corp.

2) (   ) (   ) does the meeting start?—At 8:30 in the morning.

3) (   ) (   ) to your face?—I just fell down the stairs.

4) I want to know (   ) (   ) thinks.

5) Do you (   ) (   ) I mean?—No, could you explain it to me?

B. 空所にあてはまる語句を選び，英文を完成させてください.

♪135

6) Everybody easily understood ------- Mr. Mason said because his explanation was really clear.
   (A) which
   (B) that
   (C) what
   (D) when

7) Nancy first did not know what -------, but she learned to serve customers very quickly.
   (A) did
   (B) to do
   (C) doing
   (D) being done

#46 how

「どのように」「どんな」という基本用法，How old/often/many/...という＜how＋形容詞／副詞＞，I want to see how Jason will solve this problem. のような名詞のカタマリをつくる用法も重要です．

♫136

How is your mother?—Actually, she's not well.
お母さんのぐあいはいかがですか？—実はそれほどよくないのです．
☞あいさつの How are you (doing)?でおなじみの状態をたずねる how.

How should I contact you?—E-mail me.
連絡方法はどういたしましょうか． —メールでお願いします．
☞手段・方法をたずねる how.

I don't like **how** she speaks.
私は彼女の話し方が気に入らない．
☞how she speaks が名詞のカタマリとして動詞 like の動作の対象になっている．I don't like the way she speaks.ともいう．

How old are you?—22.
おいくつですか． —22歳です．
☞＜how＋形容詞／副詞＞で始まる疑問文．

How often does this club meet?—Once a month.
このクラブはどのくらいの頻度であつまるのですか． —月1回です．
☞how often は頻度を尋ねるときに使う．I asked her **how** often this club met.のように名詞のカタマリにもできる．

How many copies do you need?—50.
何部必要ですか？—50部です．
☞＜how many＋名詞＞は数をたずねるときに使う．

How much is this donut?—One dollar and 80 cents.
このドーナツはいくらですか． —1ドル80セントです．
☞how much は値段および量をたずねるときに使われる．**How** much water do you drink a day?—About three liters. 「1日にどのくらい水を飲みますか」「約3リットルです」

Could you tell me **how** to use this copy machine?
このコピー機の使い方を教えていただけますか．
☞how to *do* は「…する方法」で名詞のカタマリを形成．

Exercises

A. 音声を聴いて，空所を埋めてください.

♪ 137

1) (   ) (   ) do you go to the gym?—Three days a week.

2) Could you tell me (   ) (   ) (   ) to the station?—Well, let me show you. It's not so far, but it is hard to explain.

3) (   ) (   ) (   ) go to work?—By bus.

4) (   ) (   ) is the movie?—Three hours.

B. 空所にあてはまる語句を選び，英文を完成させてください.

♪ 138

5) Most people do not tell others how ------- they earn.
   (A)   many
   (B)   much
   (C)   long
   (D)   busy

6) Mr. Allen knows how ------- a good movie.
   (A)   making
   (B)   to make
   (C)   be made
   (D)   makes

7) Nobody knows ------- Ms. Rosemary is, but she must be in her twenties according to how she speaks.
   (A)   how many
   (B)   how often
   (C)   how much
   (D)   how old

#47 why

why「なぜ」は原因や理由をたずねる場合に使用され, 応用としては Why...?—Because....のようなセットでの応答が基本です. Tell me why you don't like this idea. のような名詞のカタマリをつくる用法, Why don't you ~?などの慣用表現を覚えましょう.

♫139

Why did you leave such a good company?—Because I wanted to work as a designer rather than in sales.
なぜ, そんなに良い会社をやめたんですか. —営業職ではなくデザイナーとして働きたかったからです.
☞理由をたずねる Why? 答え方の1つのパターンが Because ...

Why are you late?—I missed the train.
なぜ遅刻したのですか？—電車に乗り遅れたのです.
☞Why で始まる問いに対して, because をつけないセンテンスで答えても良い.

Why are you working today?—To finish this report.
なぜ今日働いているのですか. —この報告書を仕上げるためです.
☞Why で始まる問いに対して, to do で答えることもある.

Here is the reason **why** I moved to New York.
これがニューヨークに越してきた理由です.
☞ Here is **why** I moved ..., Here is the reason I moved ...としても可. 理由を表わす名詞のカタマリを形成している.

Why don't you park your car over there?
あのあたりに車を止めたら？
☞Why don't you ...?は提案表現. How/What about parking your car over there?とほぼ同じ意味.

Why don't we take a five-minute break?
5分休憩をとろうか？
☞Why don't we ~?は自分を含めてすることへの提案に使う. Let's take a five-minute break.に近い.

Exercises

A. 音声を聴いて，空所を埋めてください．

♪140

1) (   ) (   ) Jane here?—(   ) (   ) a client.

2) (   ) (   ) (   ) (   ) Ms. Takayashi is the
best?—She is more experienced than other candidates.

3) I don't know what to do.— (   ) (   ) (   ) ask
your boss for help?

4) (   ) (   ) (   ) eat lunch at the new Italian
restaurant?—That (   ) like a good idea.

B. 語句を並び替えて，英文を完成させてください．

♪141

5) [take / don't / a short break / why / we]?

6) Why are you working today?—[this sales report / finish / to].

7) [wanted / why / to know / everybody] Jane chose our company
over the biggest IT company in the world.

#48 as / than / more / less

as は「X として」「X のように」とさまざまな使い方がありますが, その1つに X is as … as Y（X は Y と同じぐらい…である）という2つを比較するときに同程度であることを示す用法があります. 同程度ではない比較を表わすときには X is more/less … than Y「X は Y より…である・でない」という表現方法を用います.

♫ 142

Amy works **as** a designer.
Amy はデザイナーとして働いている.
☞ as X「X として」 これが as のもっとも基本的な使い方.

Most employees will do just **as** their bosses say.
多くの社員は上司に言われたようにそのままやる.
☞ as S+V+… で「～のように」

Jessica is **as** old **as** Nancy (is).
Jessica は Nancy と同い歳だ.
☞ as ~ as …「…と同じぐらい~」 このときの as は後ろに人・もの・ことだけをとることもできれば as S+V+… のようにセンテンスの形をとることもできる. Jessica is **as** tall **as** me. / Jessica is **as** tall **as** I am.

Hiroko works harder **than** anybody else (does).
Hiroko は他の誰よりも一生懸命働く.
☞ ＜形容詞・副詞の-er 形＋than＋比較の対象＞「…より~だ」

The summer in Tokyo is much **more** humid **than** that of London.
Tokyo の夏は London の夏よりも湿気がある.
☞ 比較をするときは対象をそろえる. *… than London とはできない.

Catherine is **more** experienced than Heidi (is).
Catherine は Heidi よりも経験がある.
☞ = Catherine has **more** experience **than** Heidi (does). 長い難しめの単語の場合は-er 形ではなくて more を前につける.

Heidi is **less** experienced than Catherine (is).
Heidi は Catherine より経験が少ない.
☞ = Heidi has **less** experience **than** Catherine (does). less ~ than …「…より少ない~」

Exercises

♪143

A. 音声を聴いて, 空所を埋めてください.

1) Germany is (　　　　) (　　　　) England.

2) Hiroko eats (　　　　) (　　　　) most guys do.

3) Writing is (　　　　) (　　　　) (　　　　) speaking.

4) Mindy is (　　　　) (　　　　) (　　　　) Aaron.

B. 空所にあてはまる語句を選び, 英文を完成させてください.

♪144

5) Mr. Ide works at a factory in Manchester ------- an engineer.
    (A) in
    (B) for
    (C) to
    (D) as

6) Mr. Collins works ------- anybody else at this office.
    (A)　longer than
    (B)　as long as
    (C)　the longest among
    (D)　less long

7) Heidi has less experience than Catherine -------.
    (A) is
    (B) does
    (C) have
    (D) get

#49 please / pleased

please は命令文の文頭や文末に付けてニュアンスを和らげる働きがあります. please には「よろこばせる」という動詞の用法がありますが, 主に pleased という受け身形で, happy, glad のような「嬉しい」「よろこばしい」という意味の形容詞のように使われます.

♫ 145

Please feel free to contact us if you have any questions.
質問があれば遠慮なくご連絡ください.
☞命令文のニュアンスを和らげるときに Please *do* を使う. 相手が断るような場合は Could/Can you ~?を使うことに注意.

Could you bring a glass of water, **please**?
水を1杯いただけますか？
☞疑問文の最後につけて調子を和らげる. Could you **please** bring a glass of water?ともいう.

Would you like some tea?—Yes, **please**.
お茶はいかがですか—いただきます.
☞Yes だけだとぶっきらぼうなので, 最後につけて調子を和らげる.

Rachel wore a fancy dress to **please** her husband.
Rachel は夫をよろこばせるために目立つドレスを着た.
☞please は動詞で後ろに人をとる.

Joe is **pleased** with his sister's marriage.
Joe は妹の結婚によろこんだ.
☞be pleased with X「X によろこぶ」

Mr. Sakamoto was **pleased** that his movie was a big hit.
坂本さんは自分の映画が大ヒットして喜んだ.
☞be pleased that ~「~によろこぶ」

I'm **pleased** to meet you.—Nice to meet you too.
お会いできて光栄です. —こちらこそ光栄です.
☞あいさつの決まり文句. 単に **Pleased** to meet you.ともいう.

104

Exercises

A. 音声を聴いて，空所を埋めてください.

♫146

1) Three cups of coffee, (   )?—Sure, just a moment,
   (   ).

2) Mr. Nakagawa, can I talk to you for a minute?— (   )
   come in.

3) Do you want more coffee?—Yes, (   ).

4) Daniel always tried to (   ) his wife.

B. 空所にあてはまる語句を選び，英文を完成させてください.

♫147

5) Mr. Greenberg is ------- with his friend's success.
   (A) to please
   (B) pleases
   (C) pleased
   (D) please

6) Mr. Schmitt was pleased ------- his movie won an award.
   (A) this
   (B) that
   (C) it
   (D) what

7) Peter told a lot of jokes -------- the audience.
   (A) pleased
   (B) by pleasing
   (C) to be pleased
   (D) to please

#50 difficult / easy / hard / hardly

難度を表わす easy, difficult, hard は意味を覚えるのはそれほど大変ではありませんが, 文脈に合う正しい形で使えるようになる必要があります. hardly は 頻度の少なさを表わす語ですが, これを Jenny is working **hard**.のような「一生懸命に」という副詞の hard との混用に注意しましょう.

♪ 148

We made a very **difficult** decision.
私たちはたいへん難しい決断をした.
☞＜限定詞＋程度の副詞＋形容詞＋名詞＞の語順.

It is **difficult** to understand Mr. Bradley.
Bradley さんのいうことを理解するのは難しい.
☞it = to understand Mr. Bradley *I'm difficult to understand … としてはいけない.

This smartphone is **easy** to use.
このスマートフォンは使いやすい.
☞easy to *do*「…するのにやさしい」はよく使われる.

It is not **easy** to satisfy everybody.
全員をよろこばせるのは簡単ではない.
☞it = to satisfy everybody

You should take it **easy** for a few weeks.
数週間ゆっくりしたほうがいいよ.
☞take it easy「気楽にやる, ゆっくり休む」

Bob always asks me **hard** questions.
Bob は私にいつも難しい質問をたずねてくる.
☞hard = difficult, tough

Gayla works **hard**.
Gayla は一生懸命仕事をする.
☞この hard は「一生懸命に」という意味の副詞.

Joseph **hardly** watches TV.
Joseph はほとんどテレビを観ない.
☞hardly は「ほとんど…ない」という意味の頻度を表わす副詞で, 通常動詞のすぐ前で使われる. 1つ上の副詞としての hard の使い方と区別すること.

Exercises

A. 音声を聴いて，空所を埋めてください．

♬ 149

1) Rhonda looks really tired. She should (   ) (   )
(   ) for a few days.

2) This software program is (   ) (   ) (   ).

3) Bob is a (   ) (   ).

4) It (   ) (   ) to learn a foreign language.

B. 空所にあてはまる語句を選び，英文を完成させてください．

♬ 150

5) ------- is difficult to satisfy everybody.
   (A)   That
   (B)   This
   (C)   So
   (D)   It

6) Conrad works very -------.
   (A)   hard
   (B)   hardly
   (C)   easy
   (D)   difficult

7) Haruna ------- watches TV.
   (A)   hard
   (B)   hardly
   (C)   difficult
   (D)   easy

著者紹介

石井洋佑　Yosuke Ishii

東京都出身．University of Central Missouri で MA-TESL を修了．フランス語・英語の辞書編集者，イリノイ州シカゴ郊外の公立高校勤務を経て，現在は英語教材の執筆に携わる．
著書に『TOEIC® LISTENING AND READING テスト おまかせ 730 点』（アルク），『ネイティブなら小学生でも知っている会話の基本ルール』『基本を学び構成力を養う　英語ライティングルールブック』（テイエス企画）などがある．

マイケル・マクドウェル　Michael McDowell

アリゾナ州出身．南カリフォルニア大学（the University of Southern California）で国際関係学（東アジア）を学ぶ．2004 年の来日以来，英語教師としてさまざまな学習者を教える．元東海大学講師．2008 年以降翻訳チェッカー・英文校正者・英語ライターとして企業・医療機関・英語教材出版社のために文書の作成・校正・リライトをしている．
共著書に『はじめての TOEIC® L&R テスト きほんのきほん』（スリーエーネットワーク），『世界一効率的な大人のやり直し英語 意味順英会話』（秀和システム），執筆協力に『合格への集中対策 TEAP 予想問題』（テイエス企画）などがある．

中川 浩　Hiroshi Nakagawa

東海大学国際教育センター講師．専門は英語教育学．モンタナ州の Carroll College を経て英語教授法の学位を取得後，アリゾナ州，カンザス州でアメリカ人を含む世界中からの学生・生徒に英語を教えながら，ESL プログラムを統括．Fort Hays State University で修士号取得し，現地の ESL 教員養成プログラムの構築に関わる．約 10 年間アメリカで英語教育に従事した後，現職．2017 年に Northcentral University より教育学博士号（Ed.D.）取得．自身の異文化経験を活かし学習者一人ひとりの英語力を伸ばす授業や教材づくりを心がけている．
著書に『ようこそ Nippon へ：映像で学ぶ大学基礎英語（朝日出版社，2018）』，『「意味順」で学ぶ英会話』（日本能率協会マネジメントセンター，2015）などがある．

ナレーション

J. P. Mudryj（順天堂大学国際教養学部講師，カナダ・オンタリオ州トロント出身）
Gayla Dawn Ishikawa（昭和女子大学中学・高等学校教諭，アメリカ・オクラホマ州オクラホマシティー出身）

執筆協力

原 仁美（英会話講師／東海大学教養学部国際学科卒，英語教授法・第 2 言語習得理論専攻）
前川なみえ（東海大学教養学部国際学科，国際開発論専攻）

表紙デザイン

千野幹太（東海大学国際文化学部デザイン文化学科）

Words for Production アウトプットのための基本語彙ワークブック

2020 年 2 月 20 日　第 1 版第 1 刷発行

著　　　者　石井洋佑
　　　　　　マイケル・マクドウェル
　　　　　　中川 浩
発 行 者　浅野清彦
発 行 所　東海大学出版部
　　　　　　〒259-1292　神奈川県平塚市北金目 4-1-1
　　　　　　TEL 0463-58-7811　FAX 0463-58-7833
　　　　　　URL http://www.press.tokai.ac.jp
　　　　　　振替　00100-5-46614
印刷・製本　港北出版印刷株式会社

©Yosuke Ishii, Michael McDowell and Hiroshi Nakagawa, 2020　ISBN978-4-486-02186-5